Soy Hija
NO BASTARDA

PASTORA
BÁRBARA SANTANA

MI HISTORIA

Publicado por:

Bárbara Santana & CV Publishing
Todos los Derechos Reservados @2023

Este libro fue editado, revisado y publicado por:
CV Publishing - Pastora Bárbara Santana
Foto de Portada: Ricky Serrano

Titulo publicado originalmente en español:
"Soy Hija, No Bastarda"

Ninguna parte de esta publicación podrá ser reproducida, procesada en algún sistema que pueda reproducir, o transmitida en alguna otra forma, o por algún medio electrónico, mecánico, fotocopia, cinta magnetofónica, u otro excepto para breves citas en reseñas, sin el permiso del autor.

Citas Bíblicas tomadas de la Santa Biblia, Versión Reina Valera 1960. NVI. Sociedades Biblias Unidas.

Clasificación: Inspiracional

Para pedidos escriba a: bsantana777@aol.com
Llame al: 407 924 6585
Facebook / Instagram: @BarbaraSantana

Dedicado a:

_____

Por:

_____

Fecha:

_____

Dedicatoria

Dedico esta obra literaria:

A mi madre, quien fue el vaso que usó el Eterno para crear esta gran historia que otros podrán conocer.

A mis hijas y mi esposo, por su paciencia para conmigo, ya que son ellos mi mayor auditorio. Por amarme y creer en el manto que el Eterno ha puesto sobre mi cabeza.

Y por último, a todo hijo o hija que ha nacido fuera del matrimonio y ha sentido el dolor del rechazo, y de la soledad en algún momento de su vida. Que ha cargado el peso sobre su hombro del pecado pero tiene el deseo y hará todo lo posible para que la historia no se repita.

Soy Hija, No Bastarda

Prólogo I

Dios me ha dado el gran honor de viajar por el mundo cerca de 26 años llevando el Evangelio de Jesucristo. He conocido a miles de personas, pero ninguna como la Pastora Bárbara Santana. En Junio del 2013 tuve el honor y el gran privilegio de predicar en la Iglesia Cristiana Pentecostal Quebrantando Yugos en Haines City, Fl. Esa noche conocí a la Pastora Bárbara. Sin tener la menor idea de hacia dónde iba a predicar, aquellos que si sabían me decían: *"Ella es una mujer de fuego".*

No obstante, me llevé la gran impresión de que la palabra *"fuego"* no le hace justicia. Me atrevo a decir que la Pastora Bárbara Santana es una amenaza al mismo infierno. Donde se menciona su nombre los demonios tiemblan porque Jesús camina con ella. Pues es una mujer que vive de rodillas. Sin embargo, lo que más me ha impresionado de ella en los 10 años que la conozco, no es la unción que tiene sino mas bien su corazón de madre.

El día que la conocí, momentos después de predicar en su iglesia. Ella tomó el micrófono y confirmó todo lo que hablé de parte de Dios, y dijo: *"Wow... No sé por qué; pero siento un amor muy grande hacia él, como si fuera mi hijo".* No sabiendo ella que justamente antes de entrar a predicar acababa de secarme las lágrimas. Pues nadie sabía el abandono que por años sentía por parte de mis padres.

En el momento que ella expresó tales palabras, sentí el toque de Dios en mi corazón y mientras ella trataba de mirarme a los ojos me dijo: *"Aquí tienes una madre"*. Aquellas palabras fueron como punta de lanza a mi espíritu, pero en lugar de herirme, sentía que sanaban el corazón de un niño que nadie ve dentro de mí.

Desde aquellas hermosas palabras hasta este día la Pastora Bárbara se ha hecho presente en mi vida. Cuando otros se olvidan de mi, ella siempre dice: *¡Aquí estoy!* Sea en persona o a través de un mensaje de texto siento que tengo una madre que está al tanto de su hijo. Y con ese mismo corazón Pastorea y atiende a su hermosa familia. He tenido el honor de verla en el altar y fuera del altar, y puedo dar fe que es una gran mujer de Dios.

Cuando escucho a ignorantes decir *"Dios no llamó a la mujer para ser Pastora"*. Mi respuesta siempre ha sido *"No has conocido a la Pastora Bárbara Santana"*. Pero nadie obtiene un gran ministerio como el que ella ha logrado recibir sin antes haber sido rotos. No usé la palabra procesado, sino *"rotos"*, porque aun en lo que Dios rompe hay bendición. Esta palabra *"rota"* describe perfectamente el testimonio de la autora del libro que actualmente tienes en tus manos. Pues nadie piensa que Dios puede usar algo roto. Todos piensan que primero Dios restaura o mejor dicho une lo que está en pedazos, y luego lo usa.

Pues te sorprenderás que la protagonista de esta historia ya venía rota; destruida desde fábrica, y aun así Dios la miró y le dijo: *"Mía eres tú"*. Prepárate para una jornada de inspiración, liberación, y sanidad. Pues no cabe duda que a través de esta obra de arte que tienes en tus manos, Dios trabajará de manera única y especial en tu vida.

Es mi oración que Dios levante más mujeres y aun jovencitas como la Pastora Bárbara Santana. Mujeres llenas de la unción del Espíritu Santo. Que no haya demonio ni potestades que les puedan hacer frente. Que en un mundo donde muchos dicen: *"Dios no llamó a la mujer a pastorear"*, ellas con la unción del Santo los puedan desmentir. Porque tales personas limitan el poder de Dios. Por último y más importante; únete conmigo para hacer esta oración.

Señor Jesús:

Gracias por la vida de la Pastora Bárbara Santana. Por todos los que han sido sanados y liberados por la unción que has depositado sobre ella. Por las miles de personas que al leer este libro serán inspirados a creerte para cosas mayores. Levanta oh Dios, una generación de mujeres como Bárbara Santana, llenas de amor y llenas de tu presencia. Que donde quiera que vayan milagros, señales, y prodigios ocurran. Te alabamos y te glorificamos Señor porque gracias a ti, no somos más huérfanos. En el nombre de Cristo Jesús, amen.

Rafael (Nuni) Cuevas Jr. (El hijo de Barbie)
Evang. y Autor de: ¡Oye Cáncer! Cumplo Años Otra Vez!

Prólogo II

En el diverso panorama de la literatura cristiana, existen obras que tocan las fibras más profundas del corazón humano, revelando verdades que trascienden el tiempo y las circunstancias.

"Soy Hija, No Bastarda", escrito por la Pastora Bárbara Santana, es una de esas obras que invita a sumergirse en una experiencia transformadora y reveladora.

A través de las páginas de este libro, encontraremos aliento, consuelo y dirección para vivir una vida plena y significativa en el amor de nuestro Padre celestial.

Prepárate para embarcarte en un viaje transformador. A medida que leas las palabras inspiradas de la autora, experimentarás una renovación de tu fe, una restauración de tu identidad y un despertar espiritual que te llevará a abrazar plenamente el amor y la gracia de Dios.

Permítete ser guiado por la mano amorosa de Dios mientras te sumerges en las páginas de "Soy hija, no bastarda". Oro a Dios que este libro sea un faro de esperanza y una invitación a recibir plenamente tu identidad como hija de Dios.

Pastor Windsor Jr. Semexant.
Pastor de ICP New Orleans

Prólogo III

He leído decenas de libros durante mi carrera ministerial, pero ninguno ha causado un impacto tan profundo en mi vida como la historia de la Pastora Bárbara Santana.

Conocí a esta gran mujer de Dios hace 17 años, y su trayectoria ministerial junto a su esposo, el Pastor Raúl Santana, ha sido de gran inspiración y edificación en mi vida espiritual. Antes sólo conocía a la Pastora Bárbara como una gran mujer de fe, pero luego de leer su libro puedo afirmar que es una *"Mujer de Guerra"*.

Gracias Pastora por no esconder tu historia, y por enseñarme que el Autor de mi vida tiene la primera y la última palabra sobre todo lo que suceda conmigo. De este libro aprendí principios y poderosas verdades, que sólo pueden recibir aquellos que no se niegan a contar su historia y se rehúsan a ignorar su pasado; pero que además se atreven a trabajar por un mejor futuro.

"Soy Hija, No Bastarda", es un libro que te llevará a descubrir:

- La razón de los procesos que has tenido que vivir.
- La forma en que puedes superarlos.
- El motivo por el cual todavía estás vivo.
- Y el propósito de Dios con la historia de tu vida.

Carlos Villarreal
Pastor de Vive Church - Autor - Conferencista

Contenido

Agradecimientos 12

Introducción 13

Capítulo 1   La Hija de la Otra 17

Capítulo 2   El Rechazo 29

Capítulo 3   La Memoria Tiene Ojos y Oídos 39

Capítulo 4   El espíritu de Herodes 47

Capítulo 5   El Vacío de la Paternidad 55

Capítulo 6   Otro Amor 65

Capítulo 7   El Viaje que lo Cambió Todo 73

Capítulo 8   Llegó Jesús 81

Capítulo 9   El Regreso de los Dos 89

Capítulo 10 Todos Somos Historia 101

Capítulo 11 Usa el Arma de Guerra 109

Capítulo 12 Mi Verdadera Herencia 119

Bibliografía 126

Acerca de la Autora 127

Agradecimientos

Deseo agradecer a un hombre que no me conoce y nunca me ha visto pero la conexión espiritual ha sido real en este mundo; hablo del Bishop TD Jakes. Este hombre de Dios ha sido mi inspiración y mi mentor por los últimos siete años, sin él saberlo.

Doy gracias al pastor Jonathan Piña, quien sin saberlo ha sido de gran bendición a mi vida con sus enseñanzas bíblicas.

También honro a mi Padre Celestial por la vida de mi pastor, René Portalatín quien fue mi mentor y padre espiritual por diez años.

Por último, agradezco al Eterno por la congregación "*Quebrantando Yugos*", la iglesia que Dios me ha permitido pastorear por 17 años. Son ellos los que han visto como la maldición se pudrió y la bendición me ha abrazado a mí y a mis generaciones.

Introducción

La peor desgracia que sufre nuestro mundo no son las guerras nucleares, o las pandemias mortales. Sino la falta de paternidad en los hogares. El impacto que genera la ausencia de un padre en la vida de sus hijos, es la nueva plaga mortal.

El quebrantamiento del deseo de Dios, de establecer una familia entre un matrimonio heterosexual es la mayor guerra en la que se encuentra la humanidad. El resultado se ve a través de cada generación en áreas tales como: los hogares, las escuelas, las relaciones sociales, las prisiones, los hospitales, las conductas y muchas más.

Las estadísticas nos muestran que:

- El 80% de los jóvenes que están en hospitales psiquiátricos provienen de familias rotas.
- El 43% de los jóvenes que están en prisión crecieron en hogares monoparentales.
- El 72% de los adolescentes que han cometido algún asesinato no tuvieron una figura paterna.
- El 60% de los que cometieron violación crecieron sin su papá.
- El 63% de los suicidios de jóvenes se dan entre muchachos sin padre.
- El 90% de los niños que se van de casa son de familias sin padre.

Estas cifras deben causar más miedo que morir en una pandemia. Estoy convencida que esta es la plaga más destructiva que está destruyendo la vida del ser humano.

Cuando la figura paterna está ausente o está presente pero no cumple su labor, los hijos experimentan el mismo sentir de un niño huérfano o *"Bastardo"*.

En este mundo hay miles de hijos bastardos, tanto en el sentido literal como espiritual.

Los hijos bastardos son aquellos que nacen dentro de un adulterio, lo cual en muchas ocasiones les impide tener a su padre presente, debido a que ya es parte de otra familia.

Estoy convencida que en algún momento has sentido el vacío de tu padre, el rechazo y el dolor emocional de no vivir una vida como las familias normales lo hacen. Quizás tu padre falleció, o tal vez nunca estuvo presente en tu desarrollo emocional, físico e intelectual. Si hoy sientes que la vida ha sido injusta, que eres un accidente o que no eres amado por aquellos que debieron amarte, cuidarte y sostenerte: *"Este libro que estás por leer te ayudará a entender que la falta de paternidad no te tiene que destruirte el alma"*.

Descubrirás que Dios puede transformar todo lo malo en algo bueno. Y amarás la idea de entender que aunque en la tierra nuestro padre terrenal no haya cumplido su labor, tenemos un Padre celestial que nos cuidará, amará y protegerá de la manera que nuestra alma lo anhela.

Soy Hija, No Bastarda

Mi historia tiene el poder de traer respuestas a tus preguntas. Estoy segura que al decidir exponer mi verdad al mundo, muchos entenderán el por qué de sus traumas.

Lograrás entender que hay miles como tú, pero que tú no tienes que ser parte de una estadística de derrota. Yo te puedo mostrar que si puedes salir de un estado mental y emocional paralítico e inútil, y convertirte en la gran historia que Dios escribió acerca de ti.

Mi historia te hará comprender que puedes sanar, perdonar y restaurar aquellas relaciones con personas que no te ofrecieron la atención, y el valor que como niño necesitabas para un crecimiento sano y estable.

Con este libro podrás ver la vida desde una perspectiva diferente. Desde un piso más alto y podrás ser libre de toda amargura del alma, saldrás de tus prisiones y abrazarás tu destino. Además encontrarás la llave para entender que tu eres un propósito de Dios en esta tierra, y que Él no te dejará hasta que termine su obra en ti.

Estoy más que convencida que terminarás gritando a los cuatro vientos: *"diablo se te acabó tu juego, te equivocaste de persona, porque ya descubrí quien soy, "SOY HIJA Y NO BASTARDA".*

Hola, me llamo Bárbara y esta es mi historia.

CAPÍTULO 1
La Hija de la Otra

Un Secreto Revelado

Era una tarde muy caliente de verano, cuando llegó una mujer a una tienda de zapatos en Río Piedras Puerto Rico, y al empezar su recorrido se encontró cara a cara con la amante de su esposo. Mi madre era hermosa, alta y de ojos café. Mi padre tenía una relación fuera del matrimonio con ella y su esposa lo había descubierto. La esposa reconoció al instante a aquella mujer, ya que eran vecinas en la misma comunidad. Luego de una gran discusión, él le prometió que iba a terminar con aquella relación de adulterio.

No obstante, en aquel encuentro dentro de la tienda de zapatos, las dos mujeres se miraron y observaron que cada una traía un coche con un bebé. La esposa de mi padre al mirar dentro del coche descubrió a una niña rubia que tan solo tenía meses de nacida y calculando el tiempo, se percató que su esposo no solo le había sido infiel, sino que el nacimiento de esa niña fue el resultado de su adulterio.

Es cierto, yo soy esa niña, la "Bastarda". Finalmente, toda la verdad salió a la luz y el amor secreto entre mi madre y mi padre, fue expuesto ante la esposa de mi padre y que una criatura había nacido de aquel amor.

En aquel momento de confrontación la esposa se enfureció y tomó en su mano un zapato con tacón para golpear a mi madre. El secreto estaba expuesto; dos hijos de madres diferentes engendrados por el hombre que ambas amaban. Aquella fue una gran consternación, ya que mi padre había embarazado a su amante y a su esposa con tan solo unas semanas de diferencia.

Mi padre tenía otros hijos con su esposa, y ellos miraban el escándalo reconociendo que ahora tenían una hermanita desconocida. Este fue un secreto que escandalizó y rompió muchos corazones. Justo después de aquel revelante día, la vida de todos cambió para siempre. Mi nacimiento dejó de ser el gran secreto; sin embargo, aquella relación ilícita continuó por unos 17 largos años.

Le doy gracias a Dios que, aunque mi madre pudo haberme abortado, decidió amar a la criatura indefensa que cargaba por dentro. Así fue como un 31 de Octubre de 1974 mi madre me dio a luz. La felicidad que ella sentía era inmensa pues me convertí en su primera niña. Sin embargo, la alegría de cargar a su hija en sus brazos se empañó por el rechazo de su propia familia y la murmuración de muchos en el vecindario los cuales decían: *"es hija de pecado, es Bastarda"*.

Para todos acababa de ser revelado el secreto, *"nació la hija de la otra"*.

El Significado de Ser Bastardo

Quizás hoy muchos dirán, que manera tan arcaica de pensar, y es cierto que la sociedad hoy día acepta este tipo de escándalos como algo normal, pero en tiempos pasados, y más aún en la ley bíblica, era todo lo contrario.

En el diccionario un hijo bastardo o ilegítimo es definido como: el hijo fruto de uno o dos progenitores que no pueden contraer matrimonio por estar unidos en un vínculo matrimonial con otra persona, esto es, por tratarse de una relación de adulterio. Existen diversos registros que demuestran que los bastardos eran considerados inferiores a los hijos legítimos y, algunas veces, tratados con el mayor rigor.

"Ningún bastardo entrará en la asamblea del Señor, ninguno de sus (descendientes,) aun hasta la décima generación, entrará en la asamblea del Señor." (Deuteronomio 23:2 LBLA)

¿Se imagina usted tal cosa? No podían entrar a adorar en el templo del Señor. Este era el extremo mayor. También, hay que tener en cuenta las consecuencias que podía traer el ser un hijo ilegítimo; el estigma y rechazo social, inaccesibilidad a la herencia paterna, imposibilidad de recibir una buena educación etc. Ciertamente las posibilidades de triunfar en la vida y de ser alguien de altura social eran muy pocas.

Por esta y otras razones agradezco a Dios, el que cambió mi historia, ya que solo Él pudo darme una legalidad de hija por medio del sacrificio de su Hijo Jesucristo en la cruz. Así lo declara su palabra:

*"Pero a todos los que le recibieron, les dio **el derecho** de llegar a ser hijos de Dios, es decir, a los que creen en su nombre."*
(Juan 1:12 LBLA)

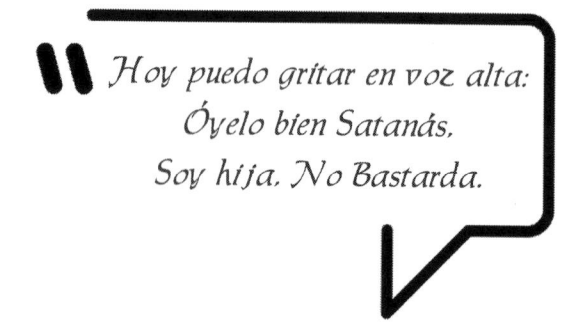

> *Hoy puedo gritar en voz alta:*
> *Óyelo bien Satanás,*
> *Soy hija, No Bastarda.*

El Hijo de la Esclava

La biblia relata una historia acerca del padre de la fe, el cual cometió un gran error al querer ayudar a Dios con el fin de cumplir la palabra profética que un día había recibido. Este fue Abram el cual siguiendo el consejo de su esposa Sara la que era estéril, tuvo intimidad con su esclava Agar y como resultado de aquella relación nació Ismael.

"Y Agar dio a luz un hijo a Abram, y llamó Abram el nombre del hijo que le dio Agar, Ismael. Era Abram de edad de ochenta y seis años, cuando Agar dio a luz a Ismael."
(Génesis 16:15-16 RVR1960)

Soy Hija, No Bastarda

Ismael solo fue el producto de aquella relación entre Abram y Agar; el no pidió nacer en esa condición; sin embargo, tuvo que vivir alejado de su padre como un bastardo a causa de circunstancias ajenas a su voluntad.

Estoy segura de que este joven al igual que muchos de nosotros, se preguntaba a sí mismo; ¿por qué vine a este mundo?, ¿quién eligió que yo naciera?, ¿cuál es mi razón de mi vivir?, ¿por qué he pasado por tanto sufrimiento, rechazo, dolor y problemas en esta vida? Muchas veces son tantas nuestras preguntas que el único capaz de responder a cada una de ellas es nuestro Padre Celestial.

¿Sabías que ni Ismael, ni yo y mucho menos tú somos un error de nuestros padres? Tal vez para los hombres llegaste de manera inesperada, pero antes de que un ser humano te engendrara o pensara sobre esta tierra ya Dios te había predestinado y asignado un propósito de antemano.

Agar e Ismael vivieron un proceso difícil de abandono, soledad y adversidad, pero aún en medio de todo, Dios le recordó que El tenía un gran propósito con la vida de su hijo.

"Entonces Abraham se levantó muy de mañana, y tomó pan, y un odre de agua, y lo dio a Agar, poniéndolo sobre su hombro, y le entregó el muchacho, y la despidió. Y ella salió y anduvo errante por el desierto de Beerseba. Y le faltó el agua del odre, y echó al muchacho debajo de un arbusto, y se fue y se sentó enfrente, a distancia de un tiro de arco; porque decía: No veré cuando el muchacho muera. Y cuando ella se sentó enfrente, el muchacho

alzó su voz y lloró. Y oyó Dios la voz del muchacho; y el ángel de Dios llamó a Agar desde el cielo, y le dijo: ¿Qué tienes, Agar? No temas; porque Dios ha oído la voz del muchacho en donde está. Levántate, alza al muchacho, y sostenlo con tu mano, porque yo haré de él una gran nación. Entonces Dios le abrió los ojos, y vio una fuente de agua; y fue y llenó el odre de agua, y dio de beber al muchacho. Y Dios estaba con el muchacho; y creció, y habitó en el desierto, y fue tirador de arco. Y habitó en el desierto de Parán; y su madre le tomó mujer de la tierra de Egipto."
(Génesis 21:14-21 RVR1960)

Agar es un símbolo de aquellas madres que crían a sus hijos solas, sin una figura paterna lo cual lastimosamente se ha convertido en algo común en nuestros tiempos. Parecía que el desierto era el final para ella y su hijo, pero ni siquiera los hombres, los fracasos, las traiciones o los traumas de la vida pueden detener el designio eterno que Dios tiene con aquellos que le aman.

Agar no tenía otra opción que irse con su hijo, porque sus amos la habían echado y el único destino disponible para ella era el desierto. De hecho, este era el lugar menos indicado para vivir y fructificar.

Qué difícil tuvo que haber sido aquella despedida para Agar y su hijo; de la noche a la mañana lo perdieron todo, los echaron, los abandonaron y quedaron errantes por el desierto, hasta que Dios apareció para transformar sus derrotas en una gran victoria.

> *Dios Aparecerá para Cambiar tu Historia.*

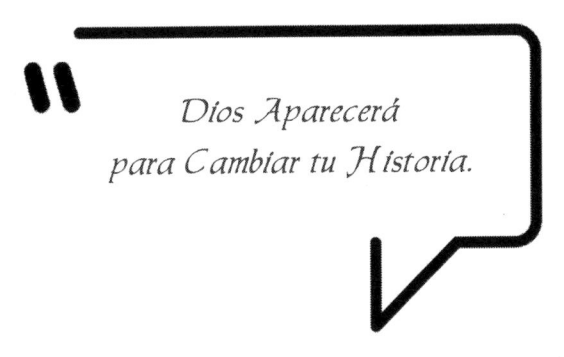

Agar ya había perdido su trabajo de sirvienta, la herencia que le tocaba a su hijo y el privilegio de ser parte de la familia del padre de la fe; ¿qué más podía sucederle?

Su pensamiento era que ella y su hijo morirían de hambre y de sed en el desierto, pero Dios estaba a punto de cambiarles la vida; como me la cambió a mí, y estoy segura que quiere cambiar tu vida también.

Ser un hijo bastardo es una experiencia algo traumática porque al parecer estás destinado a vivir en la pobreza y necesidad para siempre; tal como lo pensó Agar ya que ella veía que su hijo iba a morir en el desierto, solo y abandonado; pero Dios tenía un mejor plan para Ismael, y se lo reveló a través de su Ángel a aquella madre afligida.

"...y el ángel de Dios llamó a Agar desde el cielo, y le dijo: ¿Qué tienes, Agar? No temas: porque Dios ha oído la voz del muchacho en donde está. Levántate, alza al muchacho, y sostenlo con tu mano, porque yo haré de él una gran nación."

El temor se había apoderado de Agar de tal manera que consideraba que ya no había esperanza ni razón por la cual estar viva. Pero la limitación es lo que provoca que Dios manifieste tiempos de provisión.

Por tal razón, deja de ver a tus hijos con ojos de muerte y empieza a verlos con ojos de vida; no los verás morir, porque Dios los hará vivir.

Aunque los planes y pensamientos de esta mujer eran ver a su hijo fallecer, los de Dios eran de ver a Ismael como un hombre de bien, prosperado y bendecido.

En muchas ocasiones como padres tenemos planes con nuestros hijos; pero le has preguntado a Dios ¿cuáles son sus planes con tus hijos?, ¿en algún momento le has pedido a Dios que te revele el propósito que Él tiene con la vida de tus hijos?, y más aún, ¿sabías que el destino de tus hijos depende en gran manera de tus planes con ellos? Para Agar el destino de Ismael era morir de sed y hambre, e incluso ella misma se había dado por vencida. Cada vez que te sumerges en el fracaso, desesperación y desesperanza arrastras a tus generaciones en la misma dirección. Pero si por el contrario te levantas con fe y determinación los inspirarás a ir más allá de tus limitaciones.

Esta narración acerca de Agar e Ismael es impactante; ya que Dios le había dicho a Abraham, que haría de Isaac una gran nación, pero en este relato le afirma a Agar que Él haría de Ismael una gran nación también. Esto es algo fuera de lo común, dado que El Dios de Abraham, se le reveló a Agar la esclava, la egipcia y la sirvienta de Abraham; es decir, aunque su amo la había desechado y expulsado de su casa, El Todopoderoso se encargaría de que no les faltara absolutamente nada.

Dios hoy te dice como le dijo a Agar acerca de Ismael, *"Yo haré grandes cosas con la vida de tus hijos".*

"Entonces Dios le abrió los ojos, y vio una fuente de agua; y fue y llenó el odre de agua, y dio de beber al muchacho."

Ciertamente era tanta la desesperación de Agar que no podía ver la fuente de agua que había delante de ella. Siempre estuvo allí, solo que ella no la veía a causa de que se había dado por vencida.

Esto es lo que sucede cada vez que te encierras más en los problemas en lugar de buscar la solución; te ciegas de tal manera que no puedes ver el milagro que Dios ya puso delante de ti. Cuando te enfocas en tus fracasos y todo lo que has perdido te excluyes de ganar y alcanzar las victorias que Dios preparó para tu vida.

Hoy mi oración es que mi Padre Celestial abra nuestros ojos y nos permita ver las puertas que ya se abrieron y dejemos de mirar las puertas que nos cerraron, veamos la sanidad que Él nos dio y dejemos de ver la enfermedad que sentimos; la abundancia que Él traerá y dejemos de observar la escasez que puedas estar viviendo.

"Y Dios estaba con el muchacho; y creció, y habitó en el desierto, y fue tirador de arco. Y habitó en el desierto de Parán; y su madre le tomó mujer de la tierra de Egipto."

Ismael también era el hijo de la otra, el no murió, antes bien creció y se hizo un experto con el arco el cual se usaba para cazar y defenderse. Así que la palabra de Dios se cumplió y cuidó del muchacho; por lo cual tengo que decirte en este día que Dios también cumplirá su palabra sobre tus generaciones.

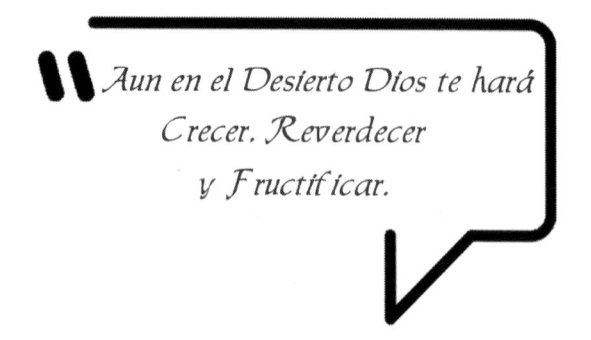

> *Aun en el Desierto Dios te hará Crecer, Reverdecer y Fructificar.*

Su padre lo abandonó, pero Dios lo adoptó y además le hizo prosperar en el desierto. A veces oramos para que Dios nos saque del desierto, pero ¿qué tal cuando Dios te quiere hacer crecer, bendecir y fructificar dentro de ese desierto?.

Principios de este Capítulo

1- Hay revelaciones que cambiarán tu vida y la de tu familia para siempre.

2- Dios le dará respuesta y solución, a cada una de tus preguntas y peticiones.

3- Tú no eres un error de tus padres, sino una respuesta desde la eternidad para este mundo temporal.

4- El Gran Yo Soy, tiene un gran propósito contigo y con la vida de tus hijos sobre esta tierra.

5- ¿Sabías que el destino de tus hijos depende en gran manera de tus planes con ellos?

Notas de lo Aprendido:

CAPÍTULO 2
El Rechazo

Memorias del Rechazo

Desde que tengo el uso de la razón, recuerdo que recibí mucho rechazo. Nunca podré olvidar el sentimiento de no ser querida a tan temprana edad. Durante las fiestas de navidad, recuerdo la tristeza que sentía al ver tantos regalos y juguetes en casa de mis familiares para otra niña que no fue criada con mi familia, pero era muy amada por todos ellos. Aquella niña recibía muchos regalos mientras que a mí me regalaban una simple muñeca.

Lamentablemente, el ser la única nieta para ese tiempo no era suficiente, pues para ellos era la "Bastarda". Siempre me preguntaba a mí misma, ¿pero qué fue lo que yo hice? Como niña no entendía por qué tenía que experimentar tanto dolor. Además, no solo me visitó el menosprecio sino que vino acompañado de muchas burlas y traumas.

Aquella niña a la que le regalaban muchísimos juguetes, también se burlaba de mí.

Soy Hija, No Bastarda

Incluso se reía y decía: *"mira todos los regalos que me trajo Santa Claus, y a ti solo te trajo una muñeca".*

No puedo dejar de pensar en la historia de Ana, que cada año experimentaba el dolor de las burlas de Penina.

" Como Ana no tenía hijos, Penina se burlaba de ella. Tanto la molestaba que Ana lloraba mucho y ni comer quería. Todos los años, cuando iban al santuario, Penina la trataba así."
(1 Samuel 1:6 TLA)

Al parecer la maldad del rechazo entre los seres humanos existe desde tiempos antiguos, ya que esta narración afirma que una mujer se burlaba de la otra por la sencilla razón de que ella tenía hijos y la otra no. Aun sin tan siquiera importarle las consecuencias y el terrible dolor que le causaba a Ana. Hasta que un día la misericordia de Dios la visitó, y le otorgó el privilegio de ser la madre de un niño que se convirtió en uno de los más grandes profetas de la nación de Israel.

Todo aquel que rechaza a otro ser humano, es responsable delante de Dios del dolor que se le causa a uno de sus pequeños hijos.

"Y cualquiera que haga tropezar a alguno de estos pequeños que creen en mí, mejor le fuera que se le colgase al cuello una piedra de molino de asno, y que se le hundiese en lo profundo del mar."
(Mateo 18:6 RVR1960)

Soy Hija, No Bastarda

En el contexto de esta narración Jesús estaba enseñándole a sus discípulos la importancia de no menospreciar a ningún niño, ya que ellos se consideraban que eran más importantes que los demás por haber sido elegidos por Él. Pero Jesús los reprendió diciéndoles que, si no eran inocentes, puros, sanos y sin maldad como los niños, no podrían entrar al reino de los cielos y mejor les fuera desaparecer de este mundo.

Si supiéramos el daño que causa el rechazo en la vida de los demás, aceptaríamos a las personas por lo que son en lugar de repudiarlos por lo que hacen o el trasfondo de dónde vienen.

Aquel espíritu de rechazo y menosprecio fue creciendo muy rápidamente dentro de todo mi ser. Cada día me iba convirtiendo en un ser lleno de amargura, inseguridades, odio, dolor y resentimiento. Las burlas fueron rompiendo mi corazón y estampando unas marcas muy difíciles de borrar.

Los rechazos atropellaron mi sentido de valor en mí misma. El dolor fue abrumando mi ser, y lentamente entristeciendo lo más ingenuo de mí. Era como si una criatura inocente estuviera siendo encarcelada poco a poco en una prisión oscura sin darse cuenta.

Una de las heridas emocionales más profundas y dolorosas en la vida del ser humano es el rechazo. Sentir que alguien a quien queremos y amamos nos rechaza, nos sumerge en un profundo abismo de dolor, y sufrimiento del cual es muy difícil reponerse. Hoy en día, reconozco que el desprecio es el arma de los débiles.

Si yo pudiera regresar el tiempo y aconsejar a la pequeña Bárbara, le diría cuánto valor tenía en Cristo el cual no pudo ver a su temprana edad. Además le diría a esa niña, que el dolor del menosprecio pudo haber sido sanado a través de Aquel que literalmente murió por su vida, Cristo Jesús. Le diría a esa niña "ellos se burlan porque no pueden ver más allá de su vista natural, y los que realmente son débiles son ellos, no tú".

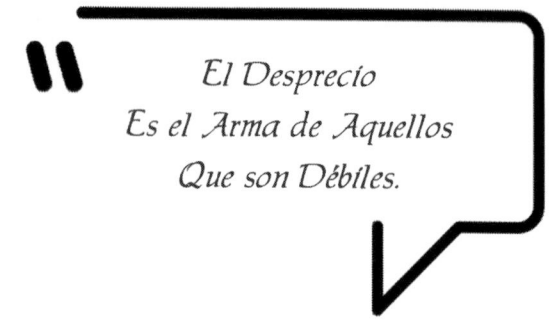

> *El Desprecio Es el Arma de Aquellos Que son Débiles.*

Le diría a la pequeña Bárbara, *"si solo supieras que Dios te ama más que cualquier ser humano te pueda amar"*. Ahora bien, yo tan solo era una simple niña sin entendimiento, y sin guía para mi alma. No tenía a nadie a mi alrededor que me ofreciera una palabra motivadora, así que todo lo que recibía del mundo invisible penetraba con gran libertad en todo mi ser.

Existe un refrán popular que la gente usa mucho: *"Entre el odio y el desprecio hay una sutil diferencia: el primero va encadenado al corazón, el segundo a la cabeza"*.

Ciertamente a muy temprana edad, tanto mi corazón como mi mente estaban enlazados en una prisión del alma.

En la calle donde vivíamos los vecinos hablaban constantemente de mi madre y de su relación con su amante. Recuerdo que me echaban de sus casas y no querían mi compañía alrededor de sus hijos. En una ocasión escuché a la madre de una de mis amigas decir; *"No te quiero con esa niña, no quiero que le permitas entrar aquí, de esa gente no sale nada bueno".*

Muchas personas piensan que menospreciar a otros es algo normal. Sin embargo, la Biblia declara todo lo contrario.

"Peca el que menosprecia a su prójimo.."
(Proverbios 14:21 RVR1960)

El rechazo fue lo que usó satán para convertirme en un pequeño monstruo. Me bastaba con mirar a alguien y comenzar un pleito sin razón. Años después, llegué a enfrentarme a los puños con hombres con el fin de llenar un vacío de rencor y amargura que había dentro de mí. Lo más temible es que mi espíritu se deleitaba en hacer y crear pleitos sin motivo alguno. Sentía que cada pelea alimentaba aquello que me controlaba.

"El hermano ofendido es más tenaz que una ciudad fuerte. Y las contiendas de los hermanos son como cerrojos de alcázar."
(Proverbios 18:19 RVR1960)

Yo vivía con tanto enojo, ira y amargura que buscaba descargarla sobre personas que no tenían la culpa.

Otro proverbio popular entre la gente es el siguiente, *"para que te aprecien, necesitas hacer mucho... para que te desprecien, basta un error"*.

Esa fue mi historia, al parecer para todos yo era el error y sin haberle hecho mal a nadie. Aquel menosprecio entró a mi vida como un tsunami y poco a poco destruía cada pedazo de mi ser. Si existe algo dañino, perjudicial y destructivo en la vida del ser humano es el rechazo. Esto es debido a que no solo daña el corazón sino que te hace guardar raíces de amargura. Además hace que te sientas menos, desvalorada y te lleva a la depresión. Pero ante todo te hace aparentar como que eres fuerte cuando realmente por dentro te sientes la persona más débil y desamparada de este mundo.

¿No es así como se sintió Agar? Abraham, teniendo dos mujeres y dos hijos tuvo que escoger por una de ellas y sacar a la otra de su vida. La otra era Agar, a la cual envió lejos de sus vidas, de su techo y la mandó al desierto. Fue en aquel desierto que ella sintió el menosprecio más profundo, aquel dolor fue tan inmenso que produjo en ella el deseo de no vivir más, de morir en su proceso.

" Por eso le dijo Sara a Abraham: ¡Echa de aquí a esa esclava y a su hijo! El hijo de esa esclava jamás tendrá parte en la herencia con mi hijo Isaac." (Génesis 21:10 RVR 1960)

Observemos cuán enojada estaba Agar con Sara para que decidiera dejar el lugar donde vivía con su hijo, y arriesgarse a huir al desierto. Asimismo hay tantas mujeres en el mundo que se identifican con Agar, porque han vivido la presión, ira, la burla y el rechazo de otros. Sin embargo; a pesar de la situación, Dios cuidó de ella y de su hijo. Es importante que hoy entiendas que, aunque otros humanos te coloquen etiquetas como *"la esclava"* o *"el hijo de la esclava"*, Dios tiene un plan para ti y para tus generaciones.

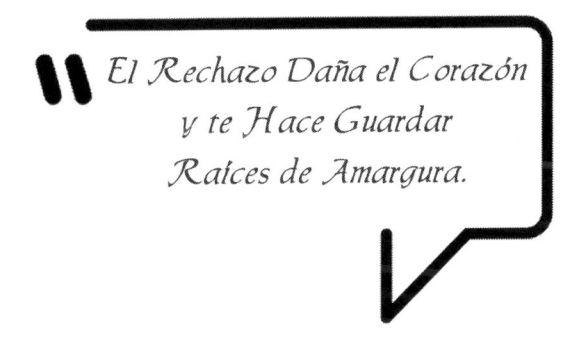

> *El Rechazo Daña el Corazón y te Hace Guardar Raíces de Amargura.*

Dios nos ama, y nos da un lugar como seres humanos, no como esclavos o mercancía de nadie. Él es Padre para los que se sienten huérfanos y heridos. Nuestro destino no es ser avergonzados por otros ya que Dios ama a quienes son rechazados, independientemente de la razón, el por qué, su nacionalidad, su condición económica o el color de su piel. Cuando Él te encuentra, simplemente te abraza y te brinda el amor que nunca tuviste.

"Y pasé yo otra vez junto a ti, y te miré, y he aquí que tu tiempo era tiempo de amores; y extendí mi manto sobre ti, y cubrí tu

desnudez; y te di juramento y entré en pacto contigo, dice Jehová el Señor, y fuiste mía." (Ezequiel 16:7 RVR1960)

Así como satán, quiso usar el rechazo para destruirme, Dios usó el rechazo para atraerme hacia Él.

Jesucristo Desintegró el Rechazo

El dolor y el menosprecio fueron el canal para llevarme a los brazos de mi Padre Celestial. Dios me ofreció aquel amor incondicional, sus brazos bañados en sangre y su pecho lleno de heridas para apoyarme en El. Cuando conocí a Jesús, aquel veneno se desintegró y aquellas memorias dolorosas fueron convirtiéndose en un testimonio para otros.

Hoy no escondo las marcas del rechazo porque es a través de ellas que otros han sido sanados. Además, cada día agradezco a Dios por haber cambiado mi ser, porque solo por amor, Jesús transformó mi maldición en una gran bendición y cambió todo mi lamento en alegría.

"Pero el Señor tu Dios se negó a escuchar a Balaam y convirtió esa maldición en bendición, porque el Señor tu Dios te ama." (Deuteronomio 23:5 NTV)

Aunque en mis primeros años de vida sobre esta tierra estuve rodeada de personas que me rechazaban; en las últimas décadas Dios se ha encargado de colocar a mi lado a personas que entienden el valor de la aceptación, y aunque el rechazo trata de hacerme su víctima ya no le permito hacerme daño, porque he aprendido a enfrentarlo de la manera correcta.

Soy Hija, No Bastarda

Principios de este Capítulo

1- La Misericordia de Dios visita y le otorga privilegios a aquellos que son menospreciados.

2- Todo aquel que rechaza a otro ser humano, es responsable ante Dios por las heridas que le son causadas.

3- Las burlas y el menosprecio dejan marcas difíciles de borrar y traumas casi imposibles de superar.

4- El rechazo es una semilla que tiene el poder de germinar en el corazón del ser humano, y producir raíces de amargura.

5- Así como satán usa el rechazo para hacernos daño, Dios lo usa para atraernos hacia El.

Notas de lo Aprendido:

_____
_____
_____
_____
_____
_____
_____

CAPÍTULO 3
La Memoria Tiene Ojos y Oídos

¿Qué es una maldición generacional? Se conoce como maldición generacional a los pecados, o consecuencias de pecados, que heredamos de nuestros antepasados. Es decir, que los hijos podemos estar practicando un pecado que nos ha llegado como una atadura espiritual, o que estamos sufriendo los efectos de un pecado como una herencia de nuestros padres. Estas consecuencias también pueden llegar en formas de adicciones, enfermedades, hábitos inapropiados o patrones de conducta.

"Como el gorrión en su vagar y la golondrina en su vuelo así la maldición no viene sin causa." (Proverbios 26:2 LBLA)

Aunque algunas personas no creen en las maldiciones generacionales, yo soy testigo de cómo la maldición, los malos hábitos, los comportamientos erróneos y las malas conductas han visitado mi vida sin yo desearlas.

Mis padres practicaron el pecado del adulterio por 17 años. Fue una relación de mentiras, y a escondidas, pero de mucha pasión.

Soy Hija, No Bastarda

Mi padre estacionaba su carro a unas cuadras de distancia de nuestra casa para que nadie lo viera llegar a nuestro hogar. Era allí el encuentro secreto entre ellos; hasta el día de hoy recuerdo cuando mi padre llegaba y rápidamente me ponían a un lado de la cama, allí con sus manos grandes y uñas largas me daba palmadas en mi pamper para que yo me durmiera con el fin de que ellos pudieran tener sus amores.

Ellos pensaban que yo dormía pero no era así, yo escuchaba todo el acto sexual entre ellos. Desde que tengo uso de razón, estuve expuesta a los actos sexuales. A partir de ese momento entró en mi lo que llamaré *"un espíritu de sexo inmundo"*, y se manifestó a través de la masturbación, lo cual es una obra de la carne.

Los malos deseos de la mente, son los que guían al ser humano para que haga lo indebido y cultive una vida pecaminosa llena de perversión y desobediencia. Por esta razón es muy importante que estemos llenos del Espíritu Santo, para controlar los malos deseos que provienen de la carne y podamos quebrantar toda atadura espiritual que el enemigo ha logrado colocarnos a causa de nuestros antepasados y pecados que hemos ignorado.

" Y manifiestas son las obras de la carne, que son: adulterio, fornicación, inmundicia, lascivia.. "
(Gálatas 5:19-21 RVR1960)

Claro está, la medicina y la psicología podrán decir que la masturbación no es algo perverso; y sé que muchos hombres y mujeres te aconsejarán que lo hagas, "todos lo hacen", te dirán. Sin embargo, es una práctica mental y espiritualmente dañina, ya que la lujuria, los pensamientos inmorales y la pornografía son los que casi siempre causan la tentación y la necesidad de cultivar este mal hábito. En cambio, uno de los grandes beneficios que obtenemos cuando nos arrepentimos de nuestros pecados es el dominio propio; por lo cual ya no somos más prisioneros del pecado; sino que somos libres por la sangre del Cordero de Dios.

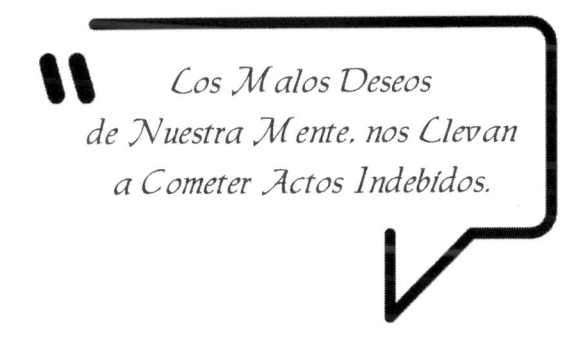

> *Los Malos Deseos de Nuestra Mente, nos Llevan a Cometer Actos Indebidos.*

Cuando Cristo llega a nuestras vidas, y entendemos que nuestro cuerpo es el templo del Espíritu Santo de Dios, nos empezamos a comportar como verdaderos hijos de Dios y ya no complacemos y mucho menos nos dejamos esclavizar por los deseos de la carne.

" *Pero el cuerpo no es para la inmoralidad sexual, sino para el Señor, y el Señor para el cuerpo.*" (1 Corintios 6:13b NVI)

La práctica de la sexualidad fue creada por Dios para que fuese santo y limpio, libre de toda contaminación, sin embargo; el trabajo del diablo es tergiversar todo lo que nuestro Creador ha hecho con el fin de corromper a la humanidad entera.

> *" Andemos decentemente, como de día, no en orgías y borracheras, no en promiscuidad sexual y lujurias, no en pleitos y envidias; antes bien, vestíos del Señor Jesucristo, y no penséis en proveer para las lujurias de la carne."*
> *(Romanos 13:13 LBLA)*

Cuidemos a Nuestros Hijos

Desde la edad de 7 años comencé a ser víctima de esta terrible práctica, la masturbación. Utilizaba cualquier objeto para lograrlo, pero luego se intensificó y lo comencé hacer con amigas. Esta práctica inmoral me mantuvo cautivada aun después de haberme casado con el amor de mi vida. Esa fue una de las causas por la cual casi me divorcio; ya que mi cuerpo se acostumbró a este tipo de actividad en lugar de la intimidad con mi esposo.

A los 9 años de edad comencé a ver películas XXX, lo cual a mi parecer era algo normal, y para algunas personas solo estaba pasando un buen tiempo en casa de mis amigas, pero realmente los demonios que se manifestaban en aquella relación ilícita yo los llevaba conmigo a otros hogares.

Fue tan fuerte este demonio en mi vida, que a los 10 años de edad estuve enamorada de un hombre casado, y practicaba lo mismo que vi en mis padres, mentir y esconderme para poder pasar tiempo con él. Antes de tener 12 años de edad, había tenido 4 relaciones en mi vida.

Haré una pausa aquí para las madres que tienen niños: *"Protege a tus hijos y mantente alerta de lo que hacen aun en su propia recámara, ya que la inocencia se pierde en segundos".*

Todo lo que se oye y se ve desde la niñez será un sonido y una memoria eterna en su mente y en sus corazones, el tiempo pasa, pero en su memoria queda guardado todo lo que en su niñez les tocó vivir. La ciencia dice que en la semana 38 de embarazo, la memoria es evidente.

Te invito a que escribas en las siguientes líneas, si viviste experiencias en tu niñez las cuales abrieron puertas al mundo espiritual donde se infiltró alguna maldición, espíritu o una práctica de conducta incorrecta que llegó sin tu autorización. Después que la escribas, haz una oración y cancela, y desautoriza todo espíritu que esté ligado a tu vida y a tus hijos en el nombre de Jesucristo.

El Mundo de Hoy

La pornografía es uno de los mayores problemas que enfrenta la iglesia de hoy. El Internet y la tecnología moderna han hecho que sea más accesible y anónimo que nunca, y está causando estragos en la iglesia, asfixiando la vida espiritual de los creyentes, destruyendo los matrimonios y las familias, y disminuyendo la eficacia de los pastores. Un reporte dijo que 85% de hombres jóvenes y 50% de las mujeres jóvenes ven pornografía mensualmente.

> *Ya no Eres Prisionero de la Carne. Ahora Eres Libre por su Sangre.*

Los hombres y mujeres cristianos estamos llamados a vivir vidas santas, libres de la inmoralidad sexual:

"La voluntad de Dios es que sean santificados; que se aparten de la inmoralidad sexual; que cada uno aprenda a controlar su propio cuerpo de una manera santa y honrosa, sin dejarse llevar por los malos deseos como hacen los paganos, que no conocen a Dios; y que nadie perjudique a su hermano ni se aproveche de él en este asunto. El Señor castiga todo esto, como ya les hemos dicho y advertido. Dios no nos llamó a la impureza, sino a la santidad;

por tanto, el que rechaza estas instrucciones no rechaza a un hombre, sino a Dios, quien les da a ustedes su Espíritu Santo."
(1 Tesalonicenses 4:3-8 NVI)

Algunos se sienten impotentes para romper las cadenas de la lujuria y vergüenza que el uso de la pornografía ha puesto a sus vidas. Hay preguntas en sus mentes como: ¿Por qué sigo cayendo en el mismo pecado?, ¿Por qué no puedo detener este pecado destructivo?, ¿Dónde está la libertad que se nos promete en Cristo?

Sin embargo, en Cristo siempre hay esperanza. ¡No se puede comparar el poder del pecado contra el poder del Salvador, El Vencedor del pecado y Libertador de la ley del pecado y de la muerte. Para liberarte de un pecado habitual como la pornografía requiere de un cambio en tu relación con Dios, en tu actitud hacia el pecado y en tus relaciones con los demás. Te ofreceré algunas sugerencias:

1. Limita el tiempo que estas sólo, especialmente en tu recamara, o en el baño.
2. Bloquea en tu celular páginas que tengan contenido pornográfico.
3. Cuando lo desees con ansias, sal de ese lugar. Ve date un baño, camina y piensa en algo diferente.
4. Vamos tu puedes vencer la tentación de cualquier deseo carnal.
5. Ora y practica el bien.

Principios de este Capítulo

1- Las maldiciones generacionales, llegan a nuestra vida a causa de las ataduras espirituales de nuestros antepasados.

2- El Espíritu Santo llegó a tu vida, para quebrantar todo aquello que te esclavizó a ti y a tus generaciones pasadas.

3- El trabajo del diablo es tergiversar todo lo que Dios creó con el fin de corromper y destruir a la humanidad.

4- Todo lo que tus hijos ven y escuchan se convertirá en una memoria eterna dentro de ellos.

5- La lujuria, los pensamientos inmorales y la pornografía son hábitos que destruyen la mente y corazón.

Notas de lo Aprendido:

CAPÍTULO 4
El espíritu de Herodes

La Muerte me Visitó Tres Veces

Si hay un tema difícil de hablar es acerca de la muerte, ya que es una de las consecuencias del pecado que el hombre cometió al haberse dejado dominar por la maldad en el jardín del Edén. Los seres humanos fuimos creados para existir para siempre pero a causa de la desobediencia, la muerte física y espiritual entró a nuestras vidas.

" pero del árbol del conocimiento del bien y del mal no comerás, porque el día que de él comas, ciertamente morirás."
(Génesis 2:17 NVI)

A partir de ese momento los seres humanos viven con temor a la muerte, lo cual es la separación del alma y el espíritu del cuerpo mortal que Dios nos ha dado.

Desde una temprana edad pude experimentar esta difícil sensación del miedo a morir. Recuerdo que a los 7 años de edad, en una linda mañana me encontraba en la calle del vecindario jugando con mis pequeños amigos.

Allí estábamos corriendo en bicicleta cuando de la nada, llegó un amigo de la familia dando voces y gritos llamando mi nombre. El decía con gran disturbio: *"Barbie, Barbie allí hay una mujer preguntando por ti y tiene una pistola en sus manos"*, recuerdo como aquel sentimiento de pánico interno se hizo presente en mi vida.

Comencé a correr hacia mi casa, mientras el palpitar de mi corazón se aceleraba cada vez más y más. Cuando logré refugiarme en mi hogar, le conté a mi madre todo lo sucedido y ella salió muy alterada, a buscar a aquella persona que deseaba matar a su niña de 7 años. Para su sorpresa era la esposa de mi padre. Sin embargo; cuando ella vio a mi madre se escapó en su carro. Y gracias a Dios no logró hacerme ningún daño, porque mi madre salió a dar la cara por mí. Hoy puedo entender que una madre está dispuesta a dar su vida por sus hijos.

Desde aquel día mi consciencia se alteró y comencé a entender que realmente yo era una niña no deseada. Era la causa de la destrucción de un hogar y una desgracia para aquella familia. Desde esa horrible experiencia el temor se apoderaba de mi al anochecer, y hasta el día de hoy nunca he dormido sola en ninguna cama. El miedo me tomó por la fuerza y siempre fui una niña muy miedosa. No me gustaba que la noche llegara porque la oscuridad era mi terror.

En otra ocasión alrededor de los 8 años de edad, estaba en una fiesta de cumpleaños de una amiga y cuando rompieron la piñata, y empecé a comer dulces. Se me atravesó un caramelo en la garganta; poco a poco sentía que me asfixiaba. Mi rostro se enrojeció, no podía respirar y gracias a un hombre que no conozco el cual estaba allí, me cargó y comenzó a darme golpes por la espalda. Literalmente me agarró por los pies y me puso boca abajo y de un solo sacudón aquel dulce salió volando. Ahora que estoy adulta y conozco los designios de Dios, creo fielmente que fui visitada por un espíritu de muerte 3 veces; ya que al enemigo no le convenía tenerme viva.

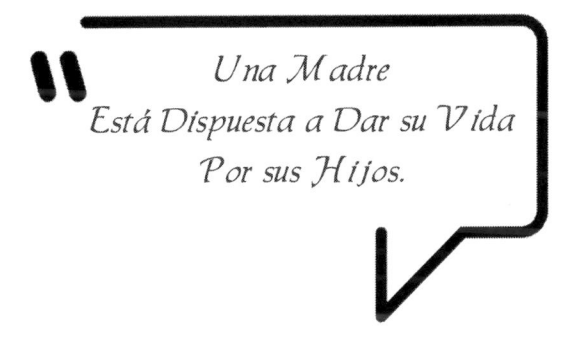

> *Una Madre Está Dispuesta a Dar su Vida Por sus Hijos.*

La última ocasión fue en mi graduación de 9no grado. Todos estábamos felices y celebrando en una piscina el gran triunfo de habernos graduado. Mientras estábamos en el agua, una de las jóvenes se comenzó ahogar; como ella no sabía nadar se apoyó sobre mí para salvarse y lo peor es que yo tampoco sabía nadar a profundidad. Aquella joven me tomó por el cuello y las dos comenzamos a hundirnos en el agua. Que recuerdo tan amargo, sentir que se te va la vida sin poder pedir ayuda; tratar de flotar con toda tus fuerzas pero realmente ver que lo único que logras es hundirte más. Me pasaron por la mente tantos pensamientos; me dije a mi misma hoy moriré. Pero Dios tenía otros planes, y no sé de qué manera mi madre vio que yo no estaba en la piscina y se tiró al agua para buscarme; fue allí que me encontró y me salvó la vida al igual que a la joven que trató de apoyarse en mi para no ahogarse.

Enfrentando el espíritu de Herodes

Creo que todo en esta vida tiene una razón de ser, aquellas experiencias acrecentaron en mí el terror. Como era tan solo una joven, mi mente solo me hablaba y me decía: *"Para qué naciste, quizás la muerte es lo mejor que te pueda pasar"*.

Sin embargo, cuando acepté a Jesús como mi Salvador, comencé a entender la manera en que se deben enfrentar los espíritus de muerte, de maldad y entre ellos el espíritu de Herodes. El cual es aquel que desea quitarle la vida a los niños que cargan un propósito divino y asignaciones otorgadas por Dios.

"Al darse cuenta Herodes de que aquellos sabios lo habían engañado, se llenó de ira y mandó matar a todos los niños de dos años para abajo que vivían en Belén y sus alrededores."
(Mateo 2:16 DHH)

La Biblia sitúa a Herodes El Grande detrás de la salvaje orden de ejecutar a los niños nacidos en Belén con el propósito de matar a Jesús, el hijo de Dios que había venido para salvar a la humanidad de la condenación eterna.

Para este rey el nacimiento de Jesús representaba una gran amenaza, ya que según aquellos sabios se convertiría en el rey de los judíos; por tal razón la mejor forma de librarse de su futuro oponente era eliminándolo antes de que creciera. Pero lo que este monarca romano no sabía es que Jesús no estaba solo. Sino que su Padre Celestial lo cuidaba desde la eternidad. Por lo tanto el enemigo no podía tocar ni siquiera uno de sus cabellos, ya que Dios se encargó de revelarle a sus padres lo que debían hacer para que los planes de Herodes no se llevaran a cabo.

" Después de que los sabios se fueron, un ángel del Señor se le apareció a José en un sueño. «¡Levántate! Huye a Egipto con el niño y su madre: dijo el ángel. Quédate allí hasta que yo te diga que regreses, porque Herodes buscará al niño para matarlo». Esa noche José salió para Egipto con el niño y con María, su madre, y se quedaron allí hasta la muerte de Herodes. Así se cumplió lo que el Señor había dicho por medio del profeta: «De Egipto llamé a mi Hijo»." (Mateo 2:13-23 NTV)

Ciertamente Herodes persiguió a Jesús alrededor de cuatro largos años, pero todos sus intentos fueron fallidos porque Dios estaba cuidando de su hijo en la tierra de los egipcios hasta el día en que este rey murió.

Ahora bien, la matanza de los inocentes narrada en el Evangelio de Mateo tiene su antecedente más directo en el episodio protagonizado por el gran enemigo del pueblo elegido: los egipcios, quienes ordenaron asesinar a los bebés hebreos y forzaron a la familia de Moisés a esconderle en el río.

> "*Entonces el faraón dio la siguiente orden a todo su pueblo: «Tiren al río Nilo a todo niño hebreo recién nacido...*"
> (*Éxodo 1:22 NTV*)

> " *Los Herodes y Faraones Son Portadores de Un espíritu de Muerte.*

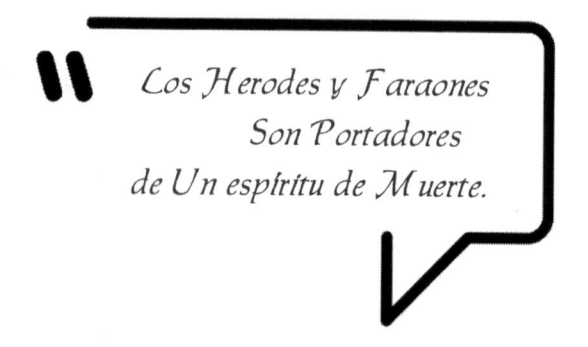

La biblia registra que el enemigo siempre ha tratado de destruir y quitarle la vida a aquellos que cargan un designio divino, como en el caso de Moisés y del mismo Jesús.

Aunque Herodes y el Faraón eran dos personas totalmente diferentes, ambos eran portadores del mismo espíritu de muerte. Pero Dios siempre ha sido y será propicio para proteger y prolongarle la vida a sus escogidos.
Moisés antes de tener conciencia de su propia existencia, se enfrentó al rechazo y al reino de la muerte; ya que el Faraón prefería quitarles la vida a todos los niños en lugar de que se siguieran multiplicando en el territorio egipcio.

Pero lo que este rey no imaginaba, era que aquel niño tenía una madre que estaba dispuesta a enfrentarse de ser necesario al mismo Faraón.

"Por la fe Moisés, cuando nació, fue escondido por sus padres durante tres meses, porque vieron que era un niño hermoso y no temieron el edicto del rey." (Hebreos 11:23 LBLA)

Indiscutiblemente la fe de los padres de Moisés fue tan grande que se opusieron al designio del rey, y en lugar de matarlo lo cuidaron creyendo que Dios tenía un gran propósito con la vida de su hijo.

Aunque el enemigo había establecido un edicto sobre mí como le sucedió al gran libertador de Israel y a nuestro redentor a su temprana edad; la poderosa mano de Dios estuvo presente para conservarnos la vida y cumplir el propósito para el cual nos envió a esta tierra.

Definitivamente, estoy convencida que el espíritu de Herodes intentó matarme tres veces. Utilizó diferentes estrategias, en distintas etapas y ocasiones, pero el Eterno destruyó sus maquinaciones y me dio vida hasta el día de hoy.

Principios de este Capítulo

1- La muerte física es la separación del alma y el espíritu, del cuerpo mortal que Dios nos ha dado.

2- El espíritu de Herodes, es aquel que planea quitarle la vida a los niños que cargan un propósito divino y asignaciones otorgadas por Dios.

3- Herodes ideó un plan para sacar a Jesús de su camino, pero Dios ya tenía una estrategia para conservarle la vida.

4- La poderosa mano de Dios está sobre la vida de tus hijos para preservarlos y anular edictos en su contra.

5- Dios es experto en frustrar los planes de Herodes para hacer prosperar sus designios eternos.

Notas de lo Aprendido:

_____
_____
_____
_____
_____
_____
_____

CAPÍTULO 5
El Vacío de la Paternidad

Después de aquellas ocasiones donde la muerte me visitó tan atrevidamente, mi padre se alertó y a partir de ese momento deseó tener una mayor relación con mi madre y conmigo. Comenzó a visitar la casa que él le pagaba a mi madre con la única distinción que tenía que estacionar su auto dos cuadras más lejos. Luego caminaba hasta la casa y allí compartía con nosotras. Algunos domingos nos llevaba de viaje a la isla, y luego nos devolvía a nuestro hogar. Todo esto se hacía *"a escondidas"* por supuesto.

No tuve la dicha de tener a mi padre junto a mí en ninguna de mis fechas especiales tales como: graduaciones, cumpleaños, navidad o días festivos. De hecho, no tengo ni una solo foto de esos eventos con él, ya que para su esposa él jamás nos volvería a ver.

Algunos hombres piensan que tener hijos y visitarles de vez en cuando o enviarles dinero es suficiente para el crecimiento mental y emocional de esa criatura; pero la realidad es que hace falta establecer un compañerismo y una relación de paternidad muy fuerte para ver hijos sólidos en nuestra sociedad.

Cuánta falta hacen hombres que amen, abracen y puedan establecer comunicaciones de la vida real con sus hijos; me refiero a esos espacios donde se pueden reír, llorar juntos y vivir cada mañana con la satisfacción de que fueron los mejores padres en su propia temporada.

De acuerdo con la oficina del Censo de los Estados Unidos de América, 18.4 milliones de niños o sea 1 de 4 niños viven en sus hogares sin un padre biológico o adoptivo. Lo cual son suficientes niños como para llenar la ciudad de New York dos veces, y la ciudad de Los Ángeles en el estado de California 4 veces.

¿Leyó usted bien este reporte? Honestamente esta cifra me provoca llorar, esto nos rompe la ilusión de ver niños y jóvenes convertirse en adultos estables y bien formados. Estamos viviendo tiempos donde nuestra niñez se desarrolla sin una figura paterna. Lo cual resulta en niños quebrados y una sociedad en deficiencia de la paternidad.

La sociedad de padres en niños en un artículo llamado, "*ALL PRO DAD*" dice lo siguiente:

"Niños que crecen sin un padre luchan socialmente. Al sentirse rechazados por su padre, temen el abandono, luchan con la confianza, el compromiso y la intimidad.

La ausencia de un padre en ocasiones lleva a problemas de conducta. Los niños no saben cómo procesar su enojo y ansiedad, especialmente si tienen una disminuida habilidad para comunicarse, por lo que arremeten. Finalmente, esto continúa afectando negativamente su vida".

El Vacío de Mi Padre

Mi padre terrenal no estuvo presente en mi vida como una familia normal debería tenerlo, además no tengo muchos recuerdos fotográficos de él junto a mí. Por tal razón; cuando fui creciendo era tanto el vacío que traté de llenarlo mendigando amor. Busqué el amor de hombres y la aprobación de mis amigas; no obstante, aquel vacío era cada vez más oscuro y profundo.

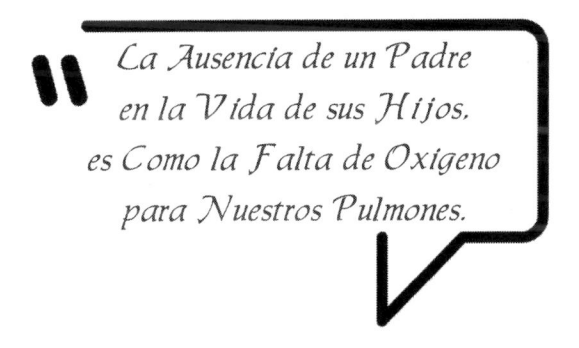

> *La Ausencia de un Padre en la Vida de sus Hijos, es Como la Falta de Oxígeno para Nuestros Pulmones.*

En varias ocasiones mi padre se escondía de su esposa para al menos poder llamarme, y recuerdo que cuando aquella llamada entraba yo era la joven más feliz del mundo; hasta que pasaban varios minutos y nuestra conversación terminaba diciendo con voz silenciosa *"beba te dejo porque hay monos en la costa".* Es un decir puertorriqueño, que significa: *"no podemos hablar porque ya llegó quien no debe escuchar".*

Usted no tiene la menor idea del dolor que aquellas palabras causaban en mi ser. Me sentía defraudada, abandonada, no valorizada pero más que eso aquel pensamiento se hacía más recio el cual me gritaba día tras días "No te das cuenta que él no te ama, y solo cumple con una labor de padre". La ausencia de un padre en la vida de su hijo, es como la falta de oxígeno para nuestros pulmones.

Si hay algún hijo o hija que lee estas páginas y ha gozado la dicha de tener a un padre a su lado que le ame, le cuide y le haga sentir valorada(o); te invito a que tomes un momento y le des gracias a Dios por él y también hazle una llamada expresándole cuán importarte fueron esos gestos en tu vida.

De esta manera llegué a mi juventud, esperando cada día, mes y año un amor que no iba a recibir de mi padre; pero que precisamente me lo otorgó Jesús. Solo Él pudo llenar aquel vacío dentro de mí y es por eso que le llamo *"Papá".*

" *Miren con cuánto amor nos ama nuestro Padre que nos llama sus hijos, ¡y eso es lo que somos! Pero la gente de este mundo no reconoce que somos hijos de Dios, porque no lo conocen a él."*
(1 Juan 3:1 NTV)

Soy Hija, No Bastarda

De igual manera Dios me permitió conocer a quien se convirtió en mi pastor, el cual me tomó por hija y pudo amarme, aconsejarme y formarme en la mujer que soy hoy. No solo me aceptó como hija, sino que fue mi mentor cuando vine a los pies de Jesús.

Si eres un hijo o hija sin padre, no dudes que Dios te pondrá en el camino a alguien que no te engendró pero el tal puede amarte como si fueras su hijo. Y si no me crees, mira lo que le pasó a Jesús cuando estuvo de paso sobre esta tierra:

"El nacimiento de Jesucristo fue como sigue: estando Su madre María comprometida para casarse con José, antes de que se llevara a cabo el matrimonio, se halló que había concebido por obra del Espíritu Santo. Y José su marido, como era un hombre justo y no quería infamarla, quiso dejarla secretamente"
(Mateo 1:18-19 NVI)

José no era el padre biológico de Jesús. Sin embargo, Dios le otorgó esa hermosa labor de amarlo como si fuera su propio hijo. Este hombre se dedicó a amar, cuidar, guiar y proteger al Hijo de Dios hasta que llegara a una edad donde podía tomar sus propias decisiones.
No se habla mucho del papel de José en la vida de Jesús, pero ciertamente detrás de un gran hijo siempre hay padres esforzados que han sacrificado su vida, recursos, tiempo y todo a su alcance para darle lo mejor a sus generaciones.

Ser padre es un gran privilegio, pero a su vez es una gran responsabilidad.

Dios siempre depositará en alguien ese amor por ti. Y se convertirán en aquellos que debieron estar pero no quisieron asumir su responsabilidad contigo. Así que si lees este libro no olvides lo que dice la biblia:

"Padre de huérfanos y defensor de viudas es Dios en su santa morada. Dios hace habitar en familia a los desamparados."
(Salmos 68:5-6 RVR1960)

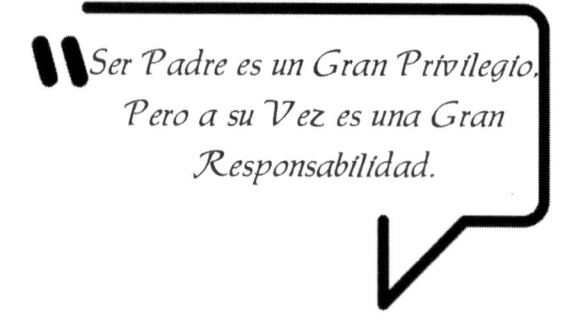

> *Ser Padre es un Gran Privilegio, Pero a su Vez es una Gran Responsabilidad.*

Ya no Eres Huérfano

Sentirse abandonado es uno de los peores sentimientos y traumas que produce la orfandad. Ya que significa estar expuesto a peligros, abusos, soledades y ser víctima de todo lo que suceda a nuestro alrededor; y lo peor es que no cuentas con nadie para que te defienda. Por tal razón, Jesucristo antes de ascender al cielo le comunicó a sus discípulos que, aunque Él estaba por regresar al Padre, ellos no quedarían huérfanos, sino que su Espíritu estaría con ellos.

"Y yo le pediré al Padre, y él les dará otro Consolador para que los acompañe siempre: el Espíritu de verdad, a quien el mundo no puede aceptar porque no lo ve ni lo conoce. Pero ustedes sí lo conocen, porque vive con ustedes y estará en ustedes. No los voy a dejar huérfanos; volveré a ustedes." (Juan 14:16-18 NVI)

Ciertamente por muchos años sentí la ausencia de mi padre terrenal, pero ha sido a través del Espíritu Santo de Dios que toda aquella soledad desapareció, porque he podido experimentar la compañía de mi Padre Celestial en todo momento. El rompió las cadenas de orfandad, me hizo libre de la depresión, cambió mi tristeza en alegría y deshizo las ataduras que me condenaban a vivir en un vacío profundo. Además, su compañía incondicional me trasladó de la potestad de las tinieblas y sufrimiento al reino de su Amado hijo Jesucristo.

Sin importar el trasfondo, los traumas o la historia de tu vida; Dios es experto en disipar todo aquello que el enemigo usó para hacerte daño. Incluso, el gran rey David expresó en unos de sus Salmos con toda seguridad, que si aún sus propios padres le daban la espalda y se olvidaban de Él, Dios jamás lo abandonaría:

"Aunque mi padre y mi madre me abandonen, el Señor me recibirá en sus brazos." (Salmos 27:10 NVI)

David sabía que el amor y el cuidado de Dios van más allá de los lazos de nuestros progenitores. Probablemente no esperaba que sus padres lo dejaran; sin embargo, si eso hubiera ocurrido, Dios no lo dejaría solo.

Principios de este Capítulo

1- Nuestros hijos no solo necesitan contar con dinero y regalos, sino con nuestra presencia en sus vidas.

2- La ausencia de un padre crea un profundo vacío en el corazón de los hijos.

3- Solo mi Dios pudo llenar aquel vacío dentro de mí y es por eso que le llamo *"Papá"*.

4- Dios pondrá en tu camino a personas que serán capaz de amarte, a pesar de que muchos hayan decidido rechazarte.

5- Aunque por mucho tiempo sentí la ausencia de mi padre terrenal, desde que conocí a Jesús he podido experimentar la presencia de mi Padre Celestial.

Notas de lo Aprendido:

CAPÍTULO 6
Otro Amor

Como mencioné anteriormente, a causa del vacío que tenia por la ausencia paterna; se manifestó en mí el deseo de sentirme amada, protegida y valorada. Así fue que tuve varios novios a una temprana edad.

Yo era una niña becada por tener excelentes calificaciones en la escuela, así que el gobierno me otorgaba un cheque mensual por ser una estudiante muy aplicada. Con ese dinero compré una piscina de esas que se ponen sobre el concreto.

Recuerdo que una tarde de mucho calor me puse mi traje de baño y me sumergí en la piscina, de repente escuché una voz masculina que decía *"Ronnie Ronnie"*. Ese es el nombre de uno de mis hermanos por parte de mi madre, así que yo salí a ver quién era; y vi a un hombre joven, de cabello largo y color negro, y de ojos color café, quedé enamorada de él desde que lo vi. Ese hombre era el mejor amigo de mi hermano. Así que era mucho mayor que yo en edad.

Comencé a coquetearle pues era lo que sabía hacer para llamar la atención, luego mi hermano salió y notó la jugada así que me regañó y tuve en entrar a la casa.

No obstante, su amigo continuó visitando mi hogar y las miradas que nos trazábamos eran llenas de fuego y de pasión. Estas palabras suenan maravillosas para cualquier historia de amor, pero quiero notificarle que yo solo tenía 11 años de edad y por si fuera poco ya tenía un novio. Cada vez más se fueron acercando las visitas, las miradas ocultas y parecía que mi corazón se enredaba más y más al verlo llegar.

Un Gran Regalo de Cumpleaños

Mi madre había preparado una fiesta de cumpleaños para celebrar mis 11 años e invité a aquel joven, pensé que no vendría ya que él sabía que mi novio estaba allí, pero para mi sorpresa después de bailar junto a mi novio y disfrutar de la fiesta, llegó el en su carro Nova del año. Les soy sincera, sentí una felicidad única pero al mismo tiempo algo extraño debido a que los dos hombres estarían frente a frente por primera vez.

Mi novio era un chico pobre, así que su regalo fue un peluche pequeño aunque muy lindo. En medio de la fiesta aquel muchacho me dijo que fuera a su carro, y cuando me acerqué el sacó un peluche inmenso que medía alrededor de 4 pies de altura, era un unicornio hermoso. Yo quedé muy emocionada, y lo saqué para llevarlo a mi casa.

Parece que se me había olvidado que mi novio al igual que todos en la fiesta verían el gigantesco regalo.
Fue así como se formó un gran escándalo, y mi novio comenzó a cuestionar el porqué de aquel regalo.

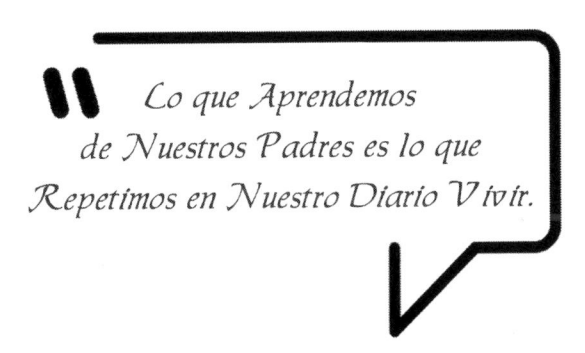

> *" Lo que Aprendemos de Nuestros Padres es lo que Repetimos en Nuestro Diario Vivir.*

En ese momento comenzamos a discutir y mi celebración terminó en un tremendo pleito. Yo sé que estaba mal lo que hacía, pero me gustaba esconderme para tener una relación con él, ya que aquello que aprendemos de nuestros padres es lo que repetimos en nuestro diario vivir. Estuve en dos relaciones por un tiempo, hasta que no se pudo ocultar más y decidí dejar a mi novio para comenzar con buen pie esta nueva relación.

" *Porque no hay nada oculto que no haya de ser manifestado; ni escondido, que no haya de salir a luz.*"
(Marcos 4:22 RVR 1960)

Un Amor de Toda la Vida

Mi nuevo novio era un joven creyente pero apartado del Señor en ese tiempo.

Soy Hija, No Bastarda

Era muy serio y educado, de una buena familia; sus padres llevaban alrededor de 20 años de casados, gente pudiente y de buena educación; y de hecho era el único hijo varón.

Por otro lado estaba yo, "Bastarda", pobre, arrogante, malcriada, peleonera, con mil problemas emocionales, con una madre soltera y amante de un hombre por 11 años. Ese panorama no parece ser el adecuado para ninguna relación. Pero fue así que nos enamoramos muy fuertemente, y ese amor ha durado hasta hoy 38 años de habernos conocido.

Dios me regaló un hombre que me ama, me respeta, me valora pero más que eso me ha demostrado con hechos como un verdadero padre debe actuar con sus hijos. Dios nos dio 3 hijas maravillosas: Betsabeth, Bianca y Briana. Le doy gracias a mi Padre Celestial por la vida de él, pues fue él quien borró de mi mente el mal concepto que cargué acerca de la paternidad. No puedo negar que nuestra relación ha sido un *roller coaster*, ya que él ha tenido que sufrir las consecuencias por la falta de paternidad en mi vida.

Han sido muchas las frustraciones que hemos tenido que vivir juntos; en ocasiones he derramado sobre él la culpa de la ausencia de mi padre. Pero el ha sido paciente en mi restauración emocional, y creo que una de las razones por la que Dios lo puso en mi camino es porque a diferencia de mi, el sí tuvo un gran ejemplo de cómo debe ser un padre para construir un hogar sano.

Tengo la seguridad de que Dios mira tus lágrimas, tu desesperación por tener un hogar sano y completamente diferente al que te formó, y puedo afirmarte con toda convicción que mi Padre Celestial oirá y contestará las peticiones de tu corazón.

La persona que será tu apoyo, tu aporte de vida, y que te amará como te lo mereces viene de camino, y Dios ya lo tiene separado para ti.

"Varón, Dios te creó para que ames y protejas a una hija que nunca pudo ser amada dignamente".

Mujer, repite conmigo:

" Dios me recompensará cada lágrima, cada frustración y expectativa no cumplida y lo hará con lo mejor".

El presidente Spencer W. Kimball dijo: *"Dios nos ve, y vela por nosotros; pero generalmente es por intermedio de otra persona que Él atiende a nuestras necesidades".*

Cuando Dios Llega Todo Cambia

Tengo que confesar que uno de mis mayores temores era el de cometer el mismo error que cometió mi madre, ya que ningún hijo merece crecer sin aquel que lo engendró. Sin embargo, aquellos temores empezaron a desvanecerse a través de la crianza, valores, principios y entrega que mi esposo demostró con nuestras hijas.

Esto me lleva a considerar que, aunque no podemos cambiar el trasfondo de dónde venimos, si es posible escribir una nueva historia para nuestras generaciones futuras.

> *Aunque no Puedas Cambiar tu Pasado, hoy Puedes Empezar a Escribir un Futuro de Gloria.*

Hoy puedo anunciar a los cuatro vientos que, no importa como empezaste tu vida sobre esta tierra; pero si es de suma importancia cómo la vas a terminar. Definitivamente cuando Dios llega todo tiene que cambiar.

"Él es quien perdona todas tus iniquidades. El que sana todas tus dolencias; El que rescata del hoyo tu vida. El que te corona de favores y misericordias; El que sacia de bien tu boca De modo que te rejuvenezcas como el águila." (Salmos 103:3-5 RVR1960)

Jesucristo apareció para sanar todas las dolencias de mi alma y me sacó del pozo de la desesperación, y puedo afirmar con plena convicción que El me ha coronado de favores y misericordias.

Principios de este Capítulo

1- Todo lo que se hace en lo oculto en algún momento saldrá a la luz.

2- No importa como empezaste tu vida sobre esta tierra, pero si es importante cómo la vas a terminar.

3- Mi Padre Celestial oirá y contestará las peticiones de tu corazón.

4- Aunque no podemos cambiar nuestro trasfondo, si podemos cambiar la historia de nuestras generaciones futuras.

5- Jesucristo apareció para sacarme del pozo de la desesperación.

Notas de lo Aprendido:

CAPÍTULO 7
El Viaje que lo Cambió Todo
―※―

Un Nuevo Comienzo

Mis hermanos y yo fuimos criados por una madre soltera. Ella nunca trabajó ya que mi padre nos mantenía económicamente a la distancia, mientras ella nos llevaba a la escuela y cuidaba de nosotros. Esto sucedió por un espacio de 16 años.

Una mañana mi madre nos sorprendió a todos con una gran noticia; *"oigan bien, nos vamos de viaje a vivir para USA"*, yo pensaba que ella estaba bromeando, sin embargo; eran muchas sus quejas de como mi padre la engañaba año tras año; diciéndole que él no amaba a su esposa y que se vendría a vivir junto a nosotros, pero eso nunca ocurrió.

Así que ella continuó con los planes de viajar y un día nos informó que nos íbamos en dos semanas. Esto significaba un final de su vida de pecado, de aquella relación ilícita y finalmente un nuevo comienzo pero no fue así para mi, por la sencilla razón de que esta decisión representaba la pérdida del amor de mi novio que tanto busqué y finalmente había encontrado.

Aquella noticia trastornó mis emociones, porque mi novio no podía irse ya que era joven y estudiaba en la universidad; y yo tampoco podía quedarme porque solo tenía 16 años de edad. Jamás olvidaré el día que me subí en aquel avión, venía todo el viaje en las piernas de mi madre llorando, rota, desesperanzada porque jamás volvería a ver al hombre que amé con todas mis fuerzas.

En aquellos tiempos no habían celulares como los que existen hoy, las llamadas por teléfono de casa no tenían los planes de larga distancia así que todo era más complicado. Recuerdo que literalmente sentía un vacío tan grande por dejar atrás a mi padre y al amor de mi vida. No obstante, no podía detenerme a llorar pues tuve que entrar a la escuela y comenzar mis estudios sin saber inglés.

Entre el dolor, el vacío y el trauma de llegar a un salón de clases y no entender absolutamente nada, caí en una gran depresión.

Al menos una vez al mes mi novio podía hacer una llamada y hablarme por diez minutos. Cuando aquel teléfono sonaba yo parecía una niña pequeña deseando un emparedado.

Poco a poco me fui incorporando a la sociedad y a la nueva vida, aunque el dolor de haber perdido para siempre a mi padre y mi novio me dejó un recuerdo muy desalentador. Desde muy pequeña he vivido situaciones que personas más adultas tendrían la capacidad de enfrentar; pero por propósitos divinos las tuve que atravesar.

Quizás tu leas estas páginas y te miras en tu propio espejo; el del dolor, traición, mentiras, burlas, menosprecio y soledad. Hoy quiero decirte que aunque tuve que pasar por todo ese valle de lágrimas no fue en vano. Claro está, que en ese momento no entendía pero ahora si lo comprendo. Todas esas pérdidas de amor y aquellos episodios de soledad fueron tan dolorosos que me formaron el carácter. Un carácter fuerte pero tierno. Soy una mujer dura pero débil al mismo tiempo. Fuerte para el enemigo pues no me dejo vencer con ligereza y muy débil en la presencia del Señor.

Si algo puedes aprender a través de mi historia es lo siguiente:

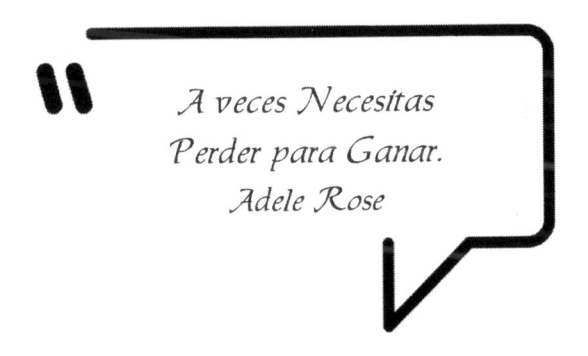

> *A veces Necesitas Perder para Ganar.*
> *Adele Rose*

Y este es otro pensamiento que resume mi historia:

"Tienes que llegar al escenario de la vida donde ir es más importante que ganar o perder." Arthur Ashe

Así que recupérate y entiende que en la vida se gane o se pierda es parte del destino por el cual estas aquí hoy.

Soy Hija, No Bastarda

Se dice que el tren cuando pasa por cada cuidad, se bajan pasajeros y se suben otros pero nunca deja de llegar a su destino final.

Así fue el viaje que nos cambió la vida a todos. Ya que empezamos a cultivar nuevas amistades, visitamos otros lugares, probamos nuevas comidas y establecimos relaciones que hasta el día de hoy siguen siendo parte de mi vida. Este país nos trajo grandes bendiciones, mucha prosperidad financiera y experiencias maravillosas.
Sin embargo; fue también aquí donde se volvió a activar aquel deseo de tener junto a mí a alguien que me amara.

Con la idea de no volver a ver a mi novio, comencé a salir a discotecas, fiestas de bailes en casas, fincas, a beber alcohol para poder llenar aquel inmenso vacío. Me conformé a la vida pero con un sentido de odio, coraje y a empujones y cuando ya me sentía realizada y pensaba que podía volver a enamorarme. De la nada un día llegué a mi casa de la escuela y, *¡A que no saben quien estaba escondido en mi habitación!* Si, ese mismo; mi novio el que pensé que jamás volvería a ver en mi vida.

No sé si entiendas lo que te diré ahora, pero aquel día siendo solo una joven sentí alegría al verlo pero coraje al mismo tiempo, ya que llegó justo cuando había superado el dolor y finalmente me había adaptado a la nueva vida. De esta manera todo volvió a cambiar, ya que él decidió dejar a toda su familia, estudios, trabajo y con solo 19 años se fue a vivir con nosotros.

Mi madre tenía en nuestra habitación un cuadro que decía:

"Si amas algo déjalo libre, si vuelve a ti es tuyo y si no vuelve nunca lo fue". Jalil Gibran

Lo miraba cada noche al dormir pero nunca pensé que aquellas palabras de un cuadro se hicieran tan reales en mi vida. Si, aquel joven volvió a mí, y yo a él y nuestra historia cambió para siempre.

Me parece ver aquí la historia de José. El cual por un tiempo estuvo sin los seres que más amaba; su padre y sus hermanos, pero todo era parte de su agenda de vida y al final los volvió a encontrar a todos. Fue así como vivió los últimos años de su peregrinar sobre esta tierra rodeado de aquellos con quienes empezó su destino.

"José hizo preparar su carro y fue a Gosén para recibir a Israel su padre. Él se dio a conocer, y echándose sobre su cuello lloró mucho tiempo sobre su cuello." (Génesis 46:28 RVA-2015)

Este joven vivió casi dos décadas separado de su padre a causa del rechazo, menosprecio y celos que le tenían sus hermanos. Pero a pesar de haber sufrido por tantos años, Dios se dignó en regresarle la oportunidad de estar junto a su papá.

¿No es maravilloso nuestro Dios? El es experto en sorprendernos y visitarnos cuando tú menos lo esperas. Así que respira y confía que Él tiene cuidado de cada pieza del rompecabezas, y no faltará en el ninguna de las partes más importantes de tu vida.

Ahora tu, escribe que personas has perdido en el camino, y te invito a darle gracias a Dios por ellos, ora por sus vidas, confía en la perfecta voluntad del Señor y espera su regreso:

_____
_____
_____
_____

Principios de este Capítulo

1. Aunque tengas que vivir experiencias que no tienen sentido, a través de ellas Dios está formando tu carácter.

2. Cuando parecía que había perdido al amor de mi vida Dios me lo regresó y todo cambió.

3. Dios te restituirá y regresará aquello que un día perdiste.

4. El Señor es experto en visitarnos cuando tú menos lo esperas.

5. En la vida se gane o se pierda, es parte del destino por el cual fuiste creado.

Notas de lo Aprendido:

_____
_____
_____
_____
_____
_____
_____
_____

CAPÍTULO 8
Llegó Jesús

Un Cambio que transformó mi Vida

Creo que el destino tenía todo muy bien forjado. Hay momentos donde los cambios territoriales son necesarios para comenzar una nueva etapa.
El cambio de país trajo consigo una visión diferente acerca de la vida. En el año 1995 salí embarazada de mi primera hija, yo padecía de asma emocional crónica y mi embarazo se vio muy perjudicado.

Estuve a punto de perder a mi primera criatura por sangrar excesivamente, a causa de esa situación mi hermano me invitó a la iglesia que el pertenecía. Me dijo *"te invitaré a un lugar donde te sanarán"*. Fue un Domingo glorioso donde llegué a una iglesia pequeña pero poderosa y llena del fuego del Espíritu Santo. Allí entregué mi vida a Jesús y desde aquel día no sangré más, el embarazo se desarrolló correctamente. Jamás volví a tener ataques de asma y desde aquel Domingo sentía en mi corazón que yo era una persona nueva. Mi forma de pensar cambió, los ataques de ira se trasformaron, mi odio se marchó.

Soy Hija, No Bastarda

Era una mujer nueva. La gente me miraba y no podían creerlo, y hasta mi propia madre decía: "*te desconozco*".

La biblia dice: "De modo que si alguno está en Cristo, nueva criatura es; las cosas viejas pasaron; he aquí todas son hechas nuevas." (2 Corintios 5:17 RVR1960)

De vivir sin sentido y a la deriva, Dios comenzó hacer cosas maravillosas en mi vida. Comenzó a usarme como profeta, me dio la oportunidad de ser maestra de escuela bíblica, adoradora, secretaria personal del pastor, ir a viajes misioneros y ministrar en el ministerio de liberación y sanidad. Ciertamente mi vida dio un giro valeroso. Los cambios no solo fueron en el ámbito espiritual y emocional sino también en el área financiera.

"Alabado sea Dios, Padre de nuestro Señor Jesucristo, que nos ha bendecido en las regiones celestiales con toda bendición espiritual en Cristo. Dios nos escogió en él antes de la creación del mundo, para que seamos santos y sin mancha delante de él. En amor nos predestinó para ser adoptados como hijos suyos por medio de Jesucristo, según el buen propósito de su voluntad..."
(Efesios 1:3-5 DHH94)

Estoy segura que Dios usó su palabra para despertar en mi el deseo de romper patrones y maldiciones familiares. Mi madre fue pobre, y vivía de las ayudas que recibía de los sistemas de esta tierra.

Pero Dios me dio la oportunidad de ser la primera en graduarme de la universidad, casarme en un altar, comprar una propiedad antes de mi boda, comprar cuatro carros 0 millas y pagarle los estudios universitarios a mis 3 hijas.

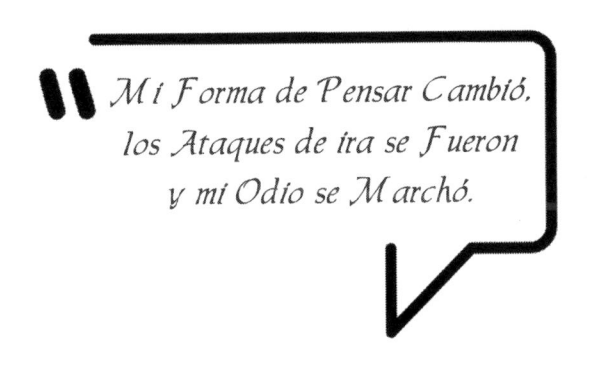

> *Mi Forma de Pensar Cambió, los Ataques de ira se Fueron y mi Odio se Marchó.*

Ahora bien, romper con aquel ciclo familiar no fue fácil, ya que cada ser humano viene a la tierra con un ADN y una muestra de ideas, conceptos y conductas aprendidas de sus ancestros. Pero yo decidí romperlos y hacer las cosas diferente.

" *He aquí, todo el que usa de refranes te aplicará a ti el refrán que dice: Cual la madre, tal la hija."*
(Ezequiel 16:44 RVR1960)

" *Él hizo lo malo a los ojos del Señor al seguir el ejemplo de su padre y de su madre y también el ejemplo de Jeroboam, hijo de Nabat, quien había hecho pecar a Israel."*
(1 Reyes 22:52 NTV)

Soy Hija, No Bastarda

Yo vivía avergonzada de mis ancestros y por esa razón Dios me impulsó a producir cambios en mi generación. Si yo no peleaba contra esos demonios hasta vencerlos, mis hijas tendrían que enfrentarse a ellos, así que tomé la decisión de abrirles a ellas un mejor camino.

Romper maldiciones no es tarea fácil, tienes que negarte por completo a conducirte de la misma manera que lo hacían tus progenitores. Y esto produce un choque personal en ellos. Incluso, mi familia fue la primera en oponerse a mi nueva vida. ¿No fue esto lo que vivió José?

La familia de José fue el mayor obstáculo ante el plan que Dios tenía con él. Pero de la misma forma como José vio con sus ojos a sus familiares participar de la bendición de Dios junto a él, he podido presenciar como el favor de Dios ha alcanzado a aquellos que me rodean.

Con el paso de los años mi madre vino a los pies de Jesús, y su vida cambió radicalmente. Mi abuela materna que era una mujer que practicó el espiritismo toda su vida, en su lecho de enfermedad cinco años antes de morir también aceptó a Jesús como su Salvador.

Si estás leyendo este libro y tienes oposición en tu familia te daré un consejo: Ora, Ayuna pero más que eso Ámalos y con un buen testimonio demuéstrales cuan hermoso es servir en el reino del Eterno. Cuando ellos vean tu transformación desearán una vida como la tuya.

Aprendí que toda maldición generacional se rompe con una elección generacional. Mi abuela nunca tuvo una buena relación con mi madre, recuerdo que hasta la maldecía pero yo pude romper ese odio maternal entre las generaciones, y soy una madre muy amorosa.

Dios hoy te llama a hacer cambios que trasciendan a favor de tus generaciones futuras. Así como se manifiesta la maldición en conductas, patrones y la desobediencia; de igual manera se hacen visibles las bendiciones a causa de la obediencia.

Al hacer un convenio con Abraham, Dios nunca dijo: "*Te voy a bendecir solo a ti*". Siempre dijo: "*Te voy a bendecir a ti y a tu descendencia*". *(Génesis 22:17-18 RVR 1960)*
Abraham fue bendecido porque obedeció a Dios, y de igual manera sus descendientes fueron favorecidos, ya que las bendiciones tienden a fluir por medio de la genética humana.

Un Clamado al Pastorado

Mi padre siempre decía que deseaba un hijo sacerdote, y lo menos que se esperaba era que Dios me había separado desde el vientre de mi madre para ser Pastora. El llamado al pastorado fue muy específico, y Dios me dio la oportunidad de ser la primera mujer Pastora en nuestro concilio. Esto era algo poco común hace 18 años atrás. El pastorado ha sido una escuela en mi vida, una gran bendición y también una plataforma para amar, perdonar y demostrarle a otros que aquel odio y rebeldía que antes cargaba ya no existe en mi.

Dios me ha dado hijos espirituales y la mujer que antes peleaba con todos hoy es una mujer que une, ayuda, aconseja, abraza, educa y ama como si nunca ha cargado maldad en su corazón. Ser Pastora me ha dado la oportunidad de llegar a muchos países como: México, Colombia, Francia, Santo Domingo, Puerto Rico, El Salvador, Nicaragua, y África.

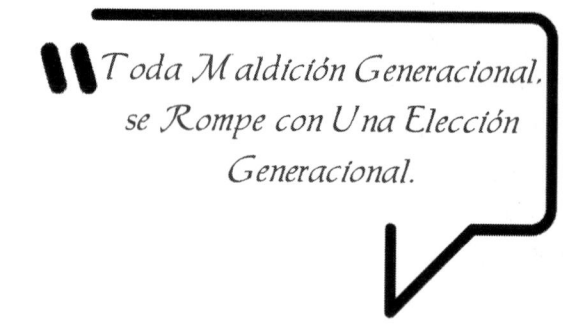

> *Toda Maldición Generacional, se Rompe con Una Elección Generacional.*

Aquella mujer que se sentía huérfana se convirtió en madre de naciones. Aquella que vivía en la soledad ahora es amada por miles. Dios hizo conmigo como hizo con Saulo de Tarso, el cual respiraba odio pero llegó Jesús; y el que mataba ahora rescataba almas para el reino De Dios.

" Saulo cayó al suelo, y una voz le dijo: ¡Saulo, Saulo! ¿Por qué me persigues? ¿Quién eres, Señor? preguntó Saulo. Yo soy Jesús - respondió la voz-. Es a mí a quien estás persiguiendo. Pero levántate y entra en la ciudad, que allí sabrás lo que tienes que hacer." (Hechos 9:4-6 TLA)

Saulo se encontraba a la deriva, sin propósito y sin saber que iba a ser uno de los apóstoles con mayor influencia en la era neo testamentaria; hasta que el Maestro apareció y quitó su alma de las garras de las tinieblas para que se convirtiera en un instrumento de honra en el reino de Dios.

Estoy segura que la bendición del Gran Yo Soy esta sobre mi generación, por causa de mi obediencia a sus estatutos, de aceptar el reto, y decirle que sí a la asignación divina. Hoy soy un ser lleno de luz que bendice a miles. Por esta razón hoy con gozo grito a los cielos:

"Gracias a Dios por Jesús, porque llegó justo a tiempo para establecer su gobierno en mi".

Ahora tu detalla como fue el día que Jesús se encontró contigo, y todo lo que ha transformado en tu vida. Cierra tus ojos y dale gracias.

_____

_____

_____

_____

Principios de este Capítulo

1- Los cambios de territorio son necesarios para comenzar una nueva etapa de vida.

2- Desde que entregué mi vida a Jesús, mi forma de pensar cambió, los ataques de ira se trasformaron y el odio se marchó.

3- Dios no solo hace cambios en el ámbito espiritual y emocional, sino también en el área material.

4- Con el paso de los años mi madre vino a los pies de Jesús, y su vida cambió radicalmente.

5- Estoy segura que la bendición del Señor reposa sobre tu generación.

Notas de lo Aprendido:

_____
_____
_____
_____
_____
_____
_____

CAPÍTULO 9
El Regreso de los Dos

Cuando mi madre decidió mudarse al estado de la Florida, lo hizo para romper la relación ilícita que llevaba por años junto a mi padre. La admiro por esa decisión, ya que hay muchas mujeres que nunca logran vencer patrones, ciclos erróneos, hábitos destructivos en sus vidas, y por miedo a empezar de nuevo siguen en ciclos dañinos y tóxicos, por falta de recursos económicos o porque ya se acostumbraron a ese estilo de vida. Esa decisión que ella tomó fue la base para que en el mundo espiritual yo no siguiera sus pasos.

En el año 2014 recibí la llamada de mi padre el cual me informó que se había mudado para la Florida, y mi reacción fue: ¡*No puede ser!* Así como lo lees. Se mudó y por si fuera poco a 30 minutos de distancia de mi casa. Después de tantos años, mi padre todavía se escondía de su esposa para visitarme. Ya yo estaba casada y tenía 3 hijas, pero él seguía viviendo el mismo ciclo de 20 años atrás, con la única diferencia que esta vez yo era otra mujer en Cristo.

No me afectaba tanto su negligencia como padre, pero si me molestaba explicarle a mis hijas pequeñas el por qué su abuelo no podía estar en sus vidas libremente.

Esta era una historia vergonzosa para contárselas a ellas pero al crecer conocieron aquella verdad. Les enseñé a respetarlo y amarlo como su abuelo, y a conocer a mis hermanos quienes iban a ser sus nuevos tíos. Siempre anhelé educar a mis hijas y demostrarles que Cristo y sus enseñanzas pueden llevarnos a perdonar y vivir nuevos comienzos.

Decidí Perdonar

"Pero yo os digo: Amad a vuestros enemigos, bendecid a los que os maldicen, haced bien a los que os odian y orad por los que os ultrajan y os persiguen, para que seáis hijos de vuestro Padre que está en los cielos." (Mateo 5:44-45 RVR1960)

Jesús dejó claro que el perdón es algo poderoso. El dijo:

" Si perdonáis a los hombres sus ofensas, os perdonará también a vosotros vuestro Padre celestial." (Mateo 6:14 RVR1960)

Es difícil perdonar pero yo tomé esa gran decisión. El perdón fue la clave para que esta historia diera un giro total. Cada día tenía que pensar en la restauración y no en destrucción. Tuve que leer libros de reconciliación familiar, tomar consejos sabios de mi mentor y sujetar mis malos deseos al Señor. Perdonar es una decisión que demuestra cuanto has madurado en este caminar.

Así que comenzaron las visitas y mientras compartíamos en familia, aquellos recuerdos dolorosos se iban borrando con cada reunión familiar. Pasamos unos 3 años uniéndonos y conociéndonos, compartiendo la vida y creando memorias, aquel fue un tiempo restaurador para mi alma.

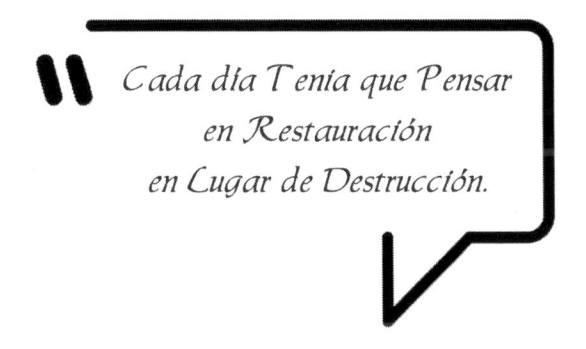

> *Cada día Tenía que Pensar en Restauración en Lugar de Destrucción.*

Regresa a mi memoria la vida de José. La biblia registra que el día que se reencontró con sus hermanos y ellos le pidieron perdón por el mal que le habían hecho, su respuesta detrás del manto profético y reconociendo su aporte en esta vida fue:

"No, no. Ustedes no me vendieron, no me lastimaron, no me abandonaron, todo fue un plan del Eterno." (Génesis 50:20)

Esto solo lo puede decir alguien que ha alcanzado un alto nivel de madurez en su alma, y es capaz de entender los procesos de la vida. José pudo estar resentido y decir:

"Miren, por su culpa pasé años en cárcel, triste, en la soledad, llorando y sin mi familia".

Pero en su lugar, el tuvo la capacidad de ver mas allá de la cortina y observar el mundo espiritual. José pudo entender uno de los grandes misterios de la vida, y comprendió que para los que aman a Dios todo obra para bien.

Aquel reencuentro trajo mucha sanidad con mi padre y alegría a nuestras vidas. Parecía que al final de la historia todo estaba alineándose a su máxima perfección.

Personalmente estoy convencida que Dios me regaló aquellos días para que pudiera sanar, amar, conocer y perdonar de corazón al hombre que me hizo tanto daño en mi mente y emociones.

La Muerte de mi Padre

Luego mi padre se enfermó y yo estuve a su lado tomándole de las manos, y junto a las mías reafirmó su fe en Jesús. Aquella fue una gran victoria, algo grandioso, ya que Dios me dio el privilegio de guiar a mi padre para reencontrarse con El Salvador. No solo arregló su vida con Jesús sino que me reconoció y de su boca salieron unas palabras que jamás olvidaré:

"Beba, eres una gran madre y mujer. Nunca pensé tener una hija Pastora, pues mi deseo era un hijo sacerdote. Quiero que sepas que te amo y que para mi eres igual a tus hermanos. De hecho, tú eres una MARTINEZ y estás en los papeles de la herencia como hija legal que eres los cuales ya están firmados de antemano. Sigue pastoreando con esa autoridad que lo haces, yo estoy orgulloso de ti".

Aquellas palabras las llevo en mi mente hasta hoy. Aquel día salí para un congreso de mujeres y habían alrededor de 350 damas esperando una palabra transformadora, y a mí me correspondía terminar el evento, así que estaba batallando entre mi asignación y el dolor al ver a mi padre en su lecho de muerte. No obstante, cuando estaba preparada para entrar a ministrar la palabra de Dios, decidí llamar para saber cómo estaba mi padre, y un familiar me dijo: *"El murió hace 1 hora"*. Recuerdo que grité: *¿Qué? no puede ser, ¿Cómo es posible que nadie me haya llamado?*

Honestamente, no le deseo a nadie aquella terrible experiencia que tuve que vivir. Sentía que me desplomaba y que no podía elegir entre correr al hospital, o dar la cara y con el corazón roto predicar a aquellas almas que estaban en espera de una palabra de Dios.

Me tiré en el piso a orar y escuché la voz del Espíritu Santo que me dijo:

"Deja que los muertos entierren a los muertos, y tu vete y cumple con tu asignación".

Sí, yo se que estas palabras se oyen muy fuertes y lo son, pero mi Padre celestial siempre ha tratado conmigo con mano fuerte porque no soy una mujer de carácter dócil.

Aquella noche con el corazón hecho pedazos, rota por dentro y con gran angustia prediqué la palabra de Dios. Hubieron testimonios muy grandes. Mujeres sanadas de cáncer, hijos que regresaron a sus hogares, mujeres que decidieron tomar el manto del pastorado. Al menos parecía que mi obediencia a mi Padre celestial produjo vida en otros, mientras que mi padre estaba muerto.

> *Deja que los Muertos Entierren a sus Muertos, y tu Vete y Cumple con tu Asignación.*

No les puedo negar lo que sucedió después de ese evento. Sentí que un mar de sombra de angustia y dolor me visitó. En mi mente decía: ¿Por qué no pude vivir días lindos con él en mi niñez, y ahora solo me duró 3 años?

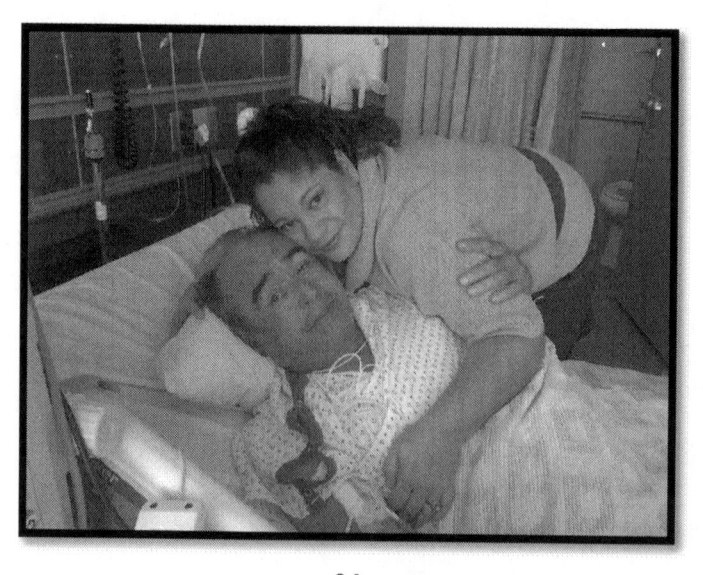

Me Robaron mi Herencia

El dolor de perder a un ser querido después de un reencuentro es muy desconsolador. Pero más doloroso es que cuando se reparta la herencia de ese padre que se marchó, te llame un familiar y te diga:

"Ya repartimos la herencia y tú no estás en ella, porque no eres hija como los demás".

¿Leyó bien lo que me dijeron? No me dieron mi herencia. Hasta el día de hoy es un misterio; la pregunta es ¿Quién mintió? Mi padre cuando me pronunció aquellas palabras que decían: *"tú estás en los papeles de los herederos, pues eres igual que ellos"* o la familia al decir que nuestro padre no me dejó nada.

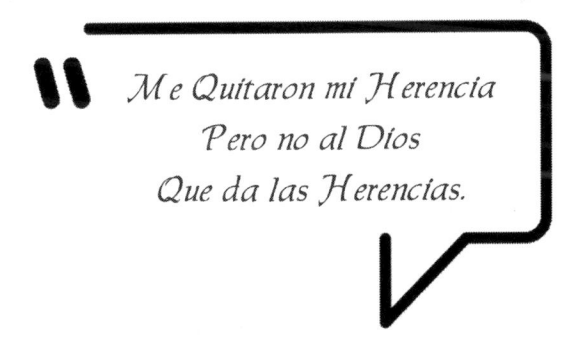

> *Me Quitaron mi Herencia Pero no al Dios Que da las Herencias.*

Aquí el dolor no era por el dinero repartido, ya que para la gloria de mi Padre celestial nunca me hizo falta nada de parte de mi padre terrenal. Dios siempre fue mi provisión y si recuerdas en los capítulos anteriores, relaté como Dios nos bendijo en el área financiera abundantemente.

Pero el dolor fue forjado en lo que no se ve, en el orgullo de ser hija pero no recibir lo que un hijo por ley gubernamental debe recibir de su padre. Esto lo menciono porque el dinero no lo es todo en esta vida. De hecho el dinero se gasta, se disuelve y lo que queda es el bien o mal recuerdo de aquel que te lo heredó.

¡Me quitaron el dinero pero no la bendición! Se apropiaron de la herencia que me dejó mi padre biológico, pero no me quitaron la bendición espiritual. Puedo afirmar con toda convicción que me quitaron la herencia pero no al Dios que da las herencias.

Estoy segura que si mi padre estuviera vivo se sentiría muy orgulloso de ver a mi generación triunfar. Dios me ha otorgado el privilegio de ver a mis hijas convertirse en profesionales. La mayor es contable, la segunda maestra y la menor enfermera. Además sé que mi padre estaría feliz de ver cómo las he llevado al altar y son mujeres de bien, portadoras de grandes promesas.

Después de todo lo mencionado pude entender que me sucedió lo mismo que le pasó a José:

"Mas Jehová estaba con José, y fue varón próspero; y estaba en la casa de su amo el egipcio. Y vio su amo que Jehová estaba con él, y que todo lo que él hacía, Jehová lo hacía prosperar en su mano." (Génesis 39:2-3 RVR1960)

Hoy vengo a decirte: Aunque los hombres te quiten la túnica, nadie podrá quitar el manto de protección que Dios ha puesto sobre ti. Con el tiempo aquellos que se apropiaron de lo que te pertenecía, verán en ti lo que ellos desearon tener pero a causa su maldad no pudieron prosperar.

> *"Tu preparas mesa delante de mí en presencia de mis angustiadores." (Salmos 23:5 NBV)*

Otro Ataque de las Tinieblas

Además de esta experiencia, los espíritus del mal se organizaron para su nuevo ataque contra mí. Si hasta aquí pensabas que mi vida había cambiado y había sido bendecida por Dios, te tengo malas noticias; porque el espíritu de "Bastarda" regresó y con más fuerza que nunca.

Jamás pensé que aquel espíritu de "Bastarda" me volvería a visitar. Nunca imaginé que después de alcanzar aquel nivel de luz en mi alma, volvería a sentir el espíritu de orfandad. Aquella amarga experiencia de la muerte de mi padre, junto al dolor de ver a mis familiares no compadecerse, ser insensibles y pronunciar palabras como: *"tú no estás en el testamento porque no eres hija legal"*, fueron las causantes de que regresara a mi casa espiritual el rechazo y por varios meses sentía que aquella liberación mental y espiritual se había quedado en el pasado.

Si, aquellos espíritus que te atormentaban tratarán de regresar en algún momento de tu vida.

> *" Entonces dice: "Volveré a mi casa. de donde salí." Y cuando llega. la halla desocupada. barrida y adornada." (Mateo 12:44 RVC)*

Soy Hija, No Bastarda

Ya no soy una niña, ahora soy una mujer y ministra de la palabra de Dios, viajando por el mundo, llevando esperanza a las almas heridas en oscuridad pero allí me encontraba yo con una visita del pasado. Estaba batallando con todas mis fuerzas y mi alma para no permitirle al odio, el coraje, las raíces de amargura entrar a mi vida. Me encontraba peleando en una batalla vieja. Entendí que te conviertes en lo que piensas y por tal razón, tuve que entrenar mi mente hacia el perdón.

La batalla de la mente y los sentimientos es el combate más sangriento que existe ya que es una batalla invisible pero desgastadora. Si algo el enemigo de nuestras almas vino a tomar por la fuerza fue la paz de nuestras vidas, pero conozco a un hombre llamado Jesús de Nazaret que pagó un precio muy alto por mi paz:

"*Mas él herido fue por nuestras rebeliones, molido por nuestras iniquidades. El castigo de nuestra paz fue sobre él; y por su llaga hubo cura para nosotros.*" (Isaías 53:5 RVC)

¿Leyó usted bien? El castigo de nuestra paz fue sobre El. Jesucristo pagó el precio para que mi alma sienta paz diaria. Si tú sientes opresión mental te invito a que grites a los aires estas palabras:

"*Jesús tu pagaste el castigo para que yo tenga paz hoy*".

"*Gracias porque tú eres el príncipe y portador de paz*".

"*Hoy descanso en esa paz eterna*".

Soy Hija, No Bastarda

Aquella visita inesperada de mi pasado poco a poco iba dejando mi vida. Para sanar aquel doloroso evento tuve que tomar un descanso pastoral y reparar con la palabra de Dios mi corazón herido. Cada mañana despertaba pidiéndole al Espíritu Santo *"Por Favor Sáname"*. No les puedo negar que fue algo fácil y ligero, pero hoy puedo decir una vez más que Cristo venció sobre dolor y el rechazo de mi alma.

" *Él sana a los quebrantados de corazón y les venda las heridas.*" *(Salmos 147:3 NBV)*

Hoy tengo un nivel de consciencia donde puedo pensar en aquel suceso y no me duele porque sé quién soy.

"Soy BARBARA MARTÍNEZ, hija de Luis Martínez. Soy una madre ejemplar, una Pastora entregada a su labor, una esposa, hija, hermana y amiga real. Amo sin fingir porque mi Padre Celestial me ha ensañado el misterio del Perdón".

"Perdonar no es liberar a los culpables es liberarte a tí mismo del veneno que te echaron".

Si te han visitado espíritus del ayer, quiero decirte: Entra en tu aposento de oración e intimidad con Aquel que te amó más que a nadie. Cuando lo hagas cada día, su amor será el detonador que destruirá todo lo oscuro que vino hacerte daño. Esa visita de malicias de la niñez tendrá que verte madura, cambiada y amada por un Dios bueno. *¡Tú puedes!*

"Todo lo puedo en Cristo por que el me fortalece."
(Filipenses 4:13 RVR 1960)

Principios de este Capítulo

———◆‖◆———

1. Mujer, elige hoy vencer patrones, romper ciclos y no tengas miedo a empezar de nuevo.

2. El perdón fue la clave para que esta historia diera un giro total.

3. Se apropiaron de la herencia que me dejó mi padre biológico, pero no me quitaron la bendición espiritual.

4. Aunque los hombres te quiten la túnica, nadie podrá quitar el manto de protección que Dios ha puesto sobre ti.

5. Jesucristo pagó el precio para que tu alma tenga paz diaria.

Notas de lo Aprendido:

CAPÍTULO 10
Todos Somos Historia

Quizás hasta este punto piensas: *"Esta historia parece sacada de una novela"*. Sin embargo, todos en esta vida tenemos una historia que contar.

Cuando contemplamos la hermosura de Elohim, podemos descubrir que cada ser humano en esta tierra llegó para cumplir con un propósito especifico.

"El Señor lo ha creado todo con un propósito: aun al hombre malvado para el día del castigo." (Proverbios 16:4 NVI)

¿Leyó bien esto? Todo lo que hoy se ve fue creado por Dios, aún los hombres malos. Esto es difícil de entender pero es una realidad espiritual muy poderosa. Cuando tú logras comprender que fue Dios el que te dio vida, fue Él quien te puso en la familia que hoy estás y es Él quien permite que ciertas personas estén a tu alrededor, entonces podrás descubrir tu propósito sobre esta tierra.

Entiendo que es difícil encontrar el propósito de Dios para nuestras vidas cuando estamos en medio de procesos y situaciones adversas. Pero cuando tú alma logra captar los designios de Dios, dejarás de maldecir tus procesos y te

Soy Hija, No Bastarda

alinearás con tu aporte en esta vida. Si Dios fue quien creó todo, aun al malvado, eso significa que Él creó a un hombre llamado Judas para que manifestara su aporte a la vida de Jesús. Si Dios creó todo, eso significa que Él permitió que los hermanos de José fueran el instrumento que la vida usaría para llevar a este joven al palacio del Faraón, y luego se convirtiera en el hombre más poderoso en Egipto. Cuando comprendes esto, nada te afecta o te detiene de avanzar sobre esta tierra.

Hoy te invito a que medites en tu vida, acerca de tu historia y si es dolorosa, triste y difícil debes entender que tu historia tiene un Autor y El la escribió con tu nombre. Si, es tu historia y nadie la puede contar mejor que tu. Por eso aunque sea complicada, extraña, o alocada, esfuérzate y cuéntala a miles; ¿Sabes por qué? Porque el Eterno confió en ti para que la vivieras y luego la contaras a los más necesitados. No hay nada mas honroso que un ser humano cuente su propia historia.

Hay un refrán que dice: *"Dios no puede tener testigos si no hay quien hable de su historia"*.

Esto fue lo que sucedió con muchos personajes en la biblia. Jesús les cambiaba la vida y luego les decía: *"vayan y cuéntenle a los suyos las maravillas que Dios ha hecho"*.

"Vuelve a tu casa, y cuenta cuán grandes cosas Dios ha hecho por ti. Y él se fue, proclamando por toda la ciudad cuán grandes cosas Jesús había hecho por el." (Lucas 8:39 NVI)

> *Deja de Maldecir tus Procesos y Comprométete con Tu Aporte en Esta Vida.*

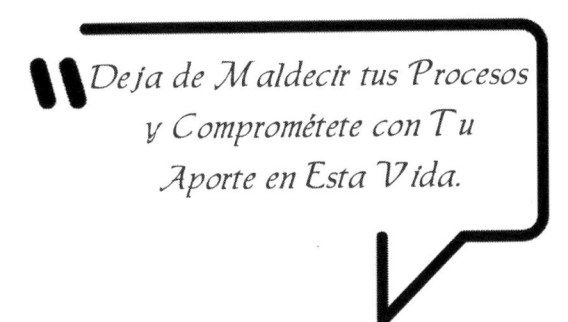

Mi pregunta es: Si tú eres un libro y alguien fuera a leer tu historia, ¿*Cómo se llamará tu libro? Escribe Aquí!*

¿Sabes por qué yo estoy contando la historia de mi vida? Antes que nada, nadie puede contar mi historia mejor que yo, porque en el pasado vivía amargada, triste y siendo víctima de los traumas que experimenté. Hasta que el Espíritu Santo me llevó a madurar en mi alma y me enseñó a entender sus misterios. Fue Él quien me mostró su camino, sus planes y quien me hizo comprender: *"Barbie, todo lo que viviste era necesario para que tu historia pudiera ser revelada a miles".*

Por eso antes lloraba y me atormentaba porque mi historia era una tragedia. Vivía renegando acerca de mi pasado, mi dolor y mis decepciones. Además continuamente maldecía mi historia sin ver mas allá del escenario e ignorando que detrás de cada lágrima, traición y herida estaba el dedo del Creador y había una razón de ser.

José entendía este misterio y por eso dijo:

> "*Y llamó el nombre del segundo hijo, Efraín: porque dijo: Dios me hizo fructificar en la tierra de mi aflicción.*"
> (*Génesis 41:52 RVR 1960*)

Cuando alguien llega a este nivel de madurez en su alma, logra cambiar de visión, despierta a su aporte de vida y cumple con la asignación para la cual Dios le creó. De lo contrario vivirás atado, encadenado, enojado con la vida y con todos. Pero José por su parte se atrevió a ver detrás del telón, y dijo: *"Dios mismo orquestó todo este asunto y me ha hecho prosperar donde otros no lo hubieran logrado"*.

Tu eres una obra maravillosa de Dios, y si has sobrevivido a:
Abuso físico, mental y emocional - heridas - traiciones - pleitos - acusaciones falsas - rechazo - acoso - abandono de padre o madre - enfermedades - violaciones - traumas - soledades - murmuración - pérdidas de embarazo - infertilidad e infidelidad, etc. *¡Te felicito!* Porque sigues viva, luchando y eres un sobreviviente de tu propia historia.

La misma debe ser contada, porque a través de ella muchos recibirán esperanza y fe, aunque hoy no entiendas la razón de lo que te ha correspondido vivir, detrás de todo hay un eterno propósito cumpliéndose en tu vida.

Quizás estás atrapado en dudas, preguntas, confusión y tu alma está rodeada de oscuridad, pero si te alineas con tu Padre celestial, si aceptas que Él fue quien confió en ti esta gran historia, estoy segura que tu dolor se convertirá en la sanidad de miles de personas.

La historia de Jesús

Nuestro Redentor vivió una historia dolorosa e injusta desde el punto de vista humano. Mi Amado Jesús, Santo, puro, sin pecado y sin culpa alguna tuvo que morir en un madero bañado en su propia sangre siendo inocente.

> " El Hijo del hombre tiene que sufrir muchas cosas y ser rechazado por los ancianos, los jefes de los sacerdotes y los maestros de la ley. Es necesario que lo maten y que resucite al tercer día." (Lucas 9:22 NVI)

¿Por qué tuvo que vivir tal injusticia, crueldad y dolor?
Humanamente hablando fue algo injusto, pero para el mundo espiritual fue una asignación divina completada en la tierra. Es una historia que ha sido contada por miles de años. Es una historia que trae liberación, sanidad y tiene el poder de levantar a muchos que pensaban que nunca lograrían vencer al pecado y los traumas de la vida.

De igual manera tu historia es importante, porque el autor es el Dios Todopoderoso y El merece ser alabado por todo lo que escribió acerca de ti. Atrévete a exponerla, cuéntala y nunca te avergüences de lo que has vivido.

Por eso José el soñador, no se lamentó sino que dijo al final de su historia:

"*Ahora pues, no fueron ustedes los que me enviaron aquí, sino Dios; y Él me ha puesto por padre de Faraón y señor de toda su casa y gobernador sobre toda la tierra de Egipto.*"
(Génesis 45:8 NVI)

Ahora comprendes que no fue satán quien quiso destruirte, lastimarte, herirte y dañarte; antes bien todo era un plan de Dios.

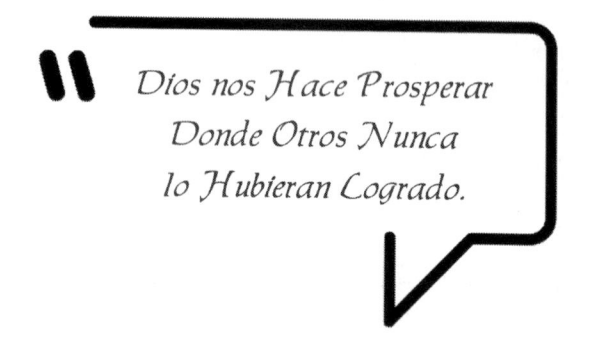

> *Dios nos Hace Prosperar Donde Otros Nunca lo Hubieran Logrado.*

No puedo negar que mientras escribía esta historia mis emociones se alteraron de tal manera que lloré muchas veces. Tuve que tomar unos días para descansar debido a que mi alma recordaba y revivía aquellas viejas memorias. Una vez me incorporaba seguía escribiendo porque Dios mismo elaboró cada detalle de mi vida con un propósito.

Si hoy logras entender el plan de Dios contigo, podrás contar tu historia con agradecimiento a nuestro Padre celestial, porque El te la entregó con el fin de que la vivieras al máximo. Tu asignación es más grande que tus lagrimas y tus sentimientos, así que vívela y disfrútala al extremo.

Dile hoy a Jesús: "*Gracias porque entendí mi aporte en esta vida*".

Ahora te toca a ti, escribe tu historia y da gracias por ser tu el escogido para vivirla:

_____
_____
_____
_____
_____
_____
_____
_____
_____
_____
_____

Principios de este Capítulo

1- Todos en esta vida tenemos una historia que contar.

2- Aunque tu historia sea complicada, extraña o alocada, esfuérzate y cuéntala a quienes te rodean.

3- Estoy segura que tu dolor se convertirá en la sanidad de miles de personas.

4- Tu testimonio debe ser contado, porque a través de tu historia muchos recibirán esperanza y fe.

5- Dios elaboró cada detalle de tu vida para cumplir un gran propósito a través de tu historia.

Notas de lo Aprendido:

CAPÍTULO 11
Usa el Arma de Guerra

He Peleado con Osos y Leones

Tal vez te preguntas, ¿Bárbara cómo lograste sanar todo ese pasado? Te diré que desde que tengo uso de razón he sentido que he tenido que pelear contra todo para lograr algo en la vida. Las cosas no me han llegado fácil. Como siempre digo bromeando: *"no tengo a un Abraham como abuelo"*. Es decir, no vengo de camino ligero ni fácil o de una cuna de oro. Así que para hablarte con sinceridad, he tenido que pelear con todo lo que tengo y todo lo que soy. Desde niña he peleado por sentirme amada, y aun siendo adulta para ser aceptada en un evangelio que solo aprobaba a hombres Pastores y no mujeres. Créeme que he peleado como dijo David *"Con osos y leones"*.

" Cuando un león o un oso viene para robar un cordero del rebaño, yo lo persigo con un palo y rescato el cordero de su boca. Si el animal me ataca, lo tomo de la quijada y lo golpeo hasta matarlo. Lo he hecho con leones y con osos, y lo haré también con este filisteo pagano, ¡porque ha desafiado a los ejércitos del Dios viviente!" (1 Samuel 17:34-37 NTV)

Soy Hija, No Bastarda

La portada de este libro, es una foto mía con una espada porque he tenido que pelear contra el odio, el rencor, el resentimiento, la masturbación, la falta de perdón y el rechazo. Además he peleado con los deseos de hacer el mal y de vengarme. Pero también he peleado para guardarme para Dios y por mantenerme siendo un agente de paz y luz, y por vivir en santidad delante del Dios vivo.

Tenemos una Batalla que Pelear

De acuerdo a la biblia todos libramos una batalla espiritual en nuestro diario vivir, debido a que nuestro espíritu quiere hacer la voluntad de Dios, pero la naturaleza humana, caída y corrompida quiere rebelarse contra nuestro Creador. El apóstol Pablo lo dijo mejor:

"Por lo tanto, el problema no es con la ley, porque la ley es buena y espiritual. El problema está en mí, porque soy demasiado humano, un esclavo del pecado. Realmente no me entiendo a mí mismo, porque quiero hacer lo que es correcto pero no lo hago. En cambio, hago lo que odio. Pero si yo sé que lo que hago está mal, eso demuestra que estoy de acuerdo con que la ley es buena. Entonces no soy yo el que hace lo que está mal, sino el pecado que vive en mí. Yo sé que en mí, es decir, en mi naturaleza pecaminosa no existe nada bueno. Quiero hacer lo que es correcto, pero no puedo. Quiero hacer lo que es bueno, pero no lo hago. No quiero hacer lo que está mal, pero igual lo hago. Ahora, si hago lo que no quiero hacer, realmente no soy yo el que hace lo que está mal,

sino el pecado que vive en mí. He descubierto el siguiente principio de vida: que cuando quiero hacer lo que es correcto, no puedo evitar hacer lo que está mal. Amo la ley de Dios con todo mi corazón, pero hay otro poder dentro de mí que está en guerra con mi mente. Ese poder me esclaviza al pecado que todavía está dentro de mí.¡ Soy un pobre desgraciado! ¿Quién me libertará de esta vida dominada por el pecado y la muerte?¡Gracias a Dios! La respuesta está en Jesucristo nuestro Señor."
(Romanos 7:19-25 NTV)

¡Qué impresionante! La batalla diaria no se acaba, ya que nuestra mente, el pasado y el dolor pelean contra una mejor manera de vivir, por un mejor futuro y una victoria que ya Cristo obtuvo por nosotros.

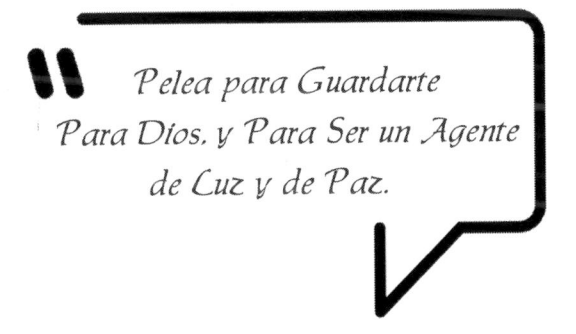

> *Pelea para Guardarte Para Dios, y Para Ser un Agente de Luz y de Paz.*

Por eso, hoy te digo solo Jesús es la solución a tanto mal. Jesús es el autor de tu historia, cuánto más estés cerca de él, más rápido sanarás y comprenderás el por qué de tu historia. Este texto habla de la batalla que el ser humano enfrenta diariamente, pero termina diciendo: *"la respuesta está en Jesús"*.

El es el arquitecto y además tiene los planos y la finalidad de tu historia. El no te juzgará como las almas oscuras lo hacen, mucho menos te dejará en un lugar de dolor o permitirá que tu historia se quede sin el capítulo final.

Así que para entender el plan de Dios tuve literalmente que enamorarme de la presencia de mi Padre celestial. Oraba a diario: *"Señor sácame de este dolor"*, pero el Señor no me sacó, sino que en el dolor nuestra relación creció.
Llevo 27 años sirviendo a mi Amado Padre, y no pasa un día sin darle orden a mi alma de quebrantarse y rendirse ante la presencia de mi Dios. Lo aprendí, lo experimenté y me fascina. No podría pasar 2 días sin gritar, llorar y humillarme en el lugar que le he levantado un altar a mi Salvador.

Creo que esto es lo que escasea en la vida de muchos hoy en día, dedicarle tiempo de calidad al que escribió tu historia.

Por eso David dijo:

"Tú no deseas sacrificios; de lo contrario, te ofrecería uno. Tampoco quieres una ofrenda quemada. El sacrificio que sí deseas es un espíritu quebrantado; tú no rechazarás un corazón arrepentido y quebrantado, oh Dios." (Salmos 51:16-17 NTV)

Has una pausa en este momento, y ve a tu aposento alto y humíllate ante el Espíritu Santo. Gime, doblega tus deseos y permítele a Dios sanar todo dolor y herida que haya dentro de ti, y no te acostumbres a vivir bajo el yugo del sufrimiento.

Ahora, escribe en estas líneas lo que sentiste al hacerlo:

_____
_____
_____
_____

Hoy te invito a que establezcas una relación más fuerte con el Espíritu Santo de Dios, y empieces a darle prioridad en tu diario vivir. Establece alarmas en tu celular para sacar tiempo y poder meditar y escudriñar la palabra de Dios. Cuando tu alma alcance el deseo de tomar el agua de vida, llegarán los momentos de sanidad para todo tu ser.

" Dios, Dios mío eres tú; De madrugada te buscaré: Mi alma tiene sed de ti, mi carne te anhela. En tierra seca y árida donde no hay aguas." (Salmos 63:11 RVR1960)

Yo sé que es un consejo antiguo pero ¿Sabes qué?, es lo único que funcionó y siempre dará resultados duraderos. A solas con Él y con su espada la cual es su palabra, podrás destruir los deseos de hacer el mal, de rendirte y podrás continuar adelante a pesar de lo difícil que sea el camino.

Si mas personas pasaran tiempo de calidad en las alturas del espíritu, menos gente se quitarían la vida y menos personas vivirían en depresión, porque el Padre nos tendrá bien escondidos cuando el enemigo quiera hacernos daño.

"*Me buscarán y me encontrarán cuando me busquen de todo corazón. Me dejaré encontrar -afirma el SEÑOR-, y los haré volver del cautiverio. Yo los reuniré de todas las naciones y de todos los lugares a donde los haya dispersado y los haré volver al lugar del cual los deporté», afirma el Señor.*"
(Jeremías 29:13-14 NVI)

> *Apártate de mí satanás. Porque Tengo mis Ojos Puestos en Las Cosas de Arriba.*

Tu historia tendrá sentido cuando encuentres al que la escribió, Jesús; y desde que empieces a cultivar la intimidad con Dios, una vida de oración y la lectura de su hermosa palabra, te estarás equipando con las mayores armas para vencer todo aquello que se levante contra ti y tu historia.

"*Porque las armas de nuestra milicia no son carnales, sino poderosas en Dios para la destrucción de fortalezas, derribando argumentos y toda altivez que se levanta contra el conocimiento de Dios, y llevando cautivo todo pensamiento a la obediencia a Cristo, y estando prontos para castigar toda desobediencia, cuando vuestra obediencia sea perfecta.*"
(2 Corintios 10:4-6 RVR1960)

Hay armas que no son carnales y visibles, sino invisibles y espirituales. Ellas son para batallar con lo que nadie puede ver a primera vista y además para enfrentar las obras de la carne, el pasado que nos atormenta, el pecado que nos asedia y al mismo satán el cual ya fue vencido en la Cruz del calvario.

Tu historia podrá tener capítulos horribles, pero en la presencia de Dios entenderás el por qué de cada etapa de tu vida.

Hoy te dejo un buen consejo:

1. Ama a Dios con todo lo que tienes.
2. Y vive apasionada por Él y su palabra. Porque hay una sola cosa que te hará verdaderamente libre y se llama "LA ESPADA DEL PADRE... su palabra".

" *Así que, si el Hijo os libertare, seréis verdaderamente libres.*"
(Juan 8:36 RVR1960)

"*Tomad la espada del Espíritu que es la palabra de Dios.*"
(Efesios 6:17 RVR1960)

No ha existido ningún guerrero que pelee sin un arma. La mía y la tuya es la palabra de Dios, por esta razón tienes que conocerla a profundidad y confiar en todo lo que ella enseña. Solo así en el momento que el adversario vuelva a tu vida para recordarte tu pasado, pecado, dolor, caídas y traumas podrás ponerte de pie y gritarle:

***"Apártate de mi satanás**, porque tengo mis ojos puestos en las cosas de arriba".*

Antes buscaba sentirme amada por los demás. Hasta que fui yo la que me enamoré de Jesús. Literalmente siento mariposas en mi estómago por Él, y ya no me hace falta el amor de un hombre o de una amiga porque Cristo lo llenó todo.

Corre hoy a tu Padre, al Escritor de tu hermosa historia, solo allí entenderás y aceptarás cada capítulo de ella. Y cuando menos te lo imaginas tu historia será leída por miles de almas.

Principios de este Capítulo

1- Atrévete hoy a pelear con todo lo que tienes y todo lo que eres.

2- Nuestro espíritu quiere hacer la voluntad de Dios, pero nuestra carne quiere rebelarse contra nuestro Creador.

3- En ocasiones Dios no te sacará del dolor, sino que te hará crecer a través de él.

4- Dedícale tiempo de calidad y en cantidad a Aquel que escribió tu historia.

5- Permítele a Dios sanar tus heridas y no te acostumbres a vivir bajo el yugo del sufrimiento.

Notas de lo Aprendido:

_____
_____
_____
_____
_____
_____
_____
_____

CAPÍTULO 12
Mi Verdadera Herencia

Mi Padre me Mostró mi Verdadera Herencia

Aquella a la que llamaban la hija de un don nadie, se convirtió en una hija de Dios. Y no solo hija sino también cómplice de su revelación. Digo *"cómplice"* por el hecho de que aquello que vi, no muchos lo han logrado ver.

En el 2015 salí embarazada, y estaba por dar a luz un niño. Aquel hijo fue sumamente deseado, debido a que sólo tenemos niñas en mi familia. La noticia de aquel embarazo fue de tanta alegría ya que habíamos orado y esperado por este gran milagro.

Un día de forma inesperada comencé a sangrar, al verlo me mantuve callada pero Dios se lo reveló al profeta Rafael Cuevas, el cual me miró y me dijo durante una celebración de aniversario: *"Dios me dice que el enemigo odia lo que tú cargas, pero lo que es de Dios no muere".* Yo tomé aquellas palabras como que no tendría un aborto, pero no fue así. Perdí aquella criatura y fue el dolor más horrible que he vivido en toda mi vida.

Estaba turbada, rota, despedazada en lo más íntimo de mi ser. Aquella temporada fue crítica, pero mi Padre celestial tenía otro capítulo para mi historia.

Pude Ver a mi Hijo

¿Cómo sería aquel desenlace? Una tarde Dios decidió mostrarme su reino. Si así es, después de un culto maravilloso el envió un ángel muy hermoso, y gigante a buscarme para visitar el lugar donde morarán "Los Santos De Dios, El Cielo".

Esto te lo contaré con detalles en el próximo libro que escribiré. Pero si puedo decirte que cuando llegué a aquel lugar de paz y amor, Dios me permitió ver a mi hijo vivo en el cielo. Aquel niño no había nacido en la tierra pero si vivía con mi papá en el cielo. Allí nos besamos y nos abrazamos y nos conocimos. Esta experiencia fue tan poderosa, ya que fue la que Dios usó para mostrarme mi verdadera herencia.

En la tierra los hombres podrán robarte una herencia material, pero nadie nos podrá quitar aquella que Dios nos tiene reservada en los cielos.

" No se turbe vuestro corazón; creed en Dios, creed también en mí. En la casa de mi Padre hay muchas moradas; si no fuera así, os lo hubiera dicho; porque voy a preparar un lugar para vosotros. Y si me voy y preparo un lugar para vosotros, vendré otra vez y os tomaré conmigo; para que donde yo estoy, allí estéis también vosotros." (Juan 14:1-3 RVR1960)

Finalmente lo comprendí todo en aquella gran revelación. Las cosas terrenales hay que vivirlas sin olvidar que lo que no vemos es eterno. Tú tienes un Padre, una casa, una familia, y todos están en un lugar que tus ojos no han visto pero tu alma ya lo vio.

"Antes bien, como está escrito: Cosas que ojo no vio, ni oído oyó, Ni han subido en corazón de hombre, Son las que Dios ha preparado para los que le aman." (1 Corintios 2:9 RVR1960)

El dolor por las cosas temporales, quedará abolido en tu vida en la medida que le permitas a mi Padre Celestial revelarte aquello que tiene reservado en la eternidad. Por eso hoy no puedes rendirte, no puedes morir en tus procesos y mucho menos en tus desiertos porque hay un lugar, hay una recompensa que Dios tiene para ti por haber caminado de su mano sobre esta tierra.

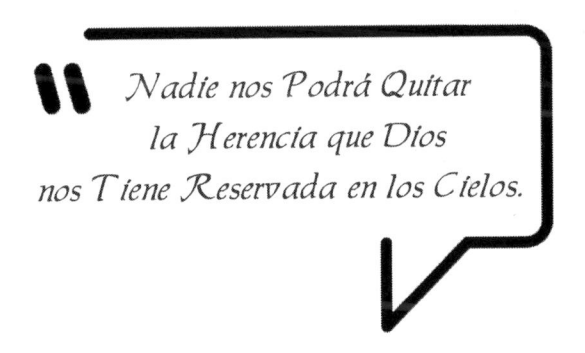

> *Nadie nos Podrá Quitar la Herencia que Dios nos Tiene Reservada en los Cielos.*

Hay retribución para tu alma y un premio esperándote por ser obediente a tu asignación, y por haber aportado la parte de tu historia a este mundo.

Soy Hija, No Bastarda

Te sorprenderías si supieras cuanta gente muere sin cumplir su propósito en esta vida. Hoy declaro que ese no serás tú, porque vivirás cada capítulo de tu vida al máximo, en unos llorarás, querrás rendirte y huir de ellos pero en otros soñarás, reirás y vivirás la mejor temporada de tu vida y al final tu Padre te dirá:

" Bien, siervo bueno y fiel; en lo poco fuiste fiel, sobre mucho te pondré; entra en el gozo de tu señor."
(Mateo 25:23 RVR1960)

Entrarás en el gozo que recompensará los capítulos dolorosos de tu historia, y Dios te dará el *Gran Premio*, el que finalmente estábamos esperando todos sus hijos:

"Volveremos a casa, donde está el buen Padre, regresaremos a sus brazos y seremos amados por El por la eternidad".

Hoy termino esta publicación diciendo:

"Yo vi la casa de nuestro Padre, vi su trono, sus ángeles, su mesa preparada para celebrar contigo y conmigo la más hermosa de las fiestas, **La fiesta de Papá***".*

Si te encuentras camino al último capítulo de tu historia, quiero recordarte que no eres una "Bastarda", sino que eres su hija. La hija del Dios más poderoso en todos los reinos. Y su amor es tan alocado que su herencia te está esperando en el cielo. Recuerda, tu historia es más grande que tus lagrimas. Disfruta el camino hasta el final.

Hoy mi oración es que tu fe, tus ojos y todo tu amor estén puestos en el consumador de tu historia, Cristo Jesús.

Un gran regalo de mi Padre

No puedo terminar este libro sin mencionar que hace 2 años Dios me regaló un hermoso nieto. El primer varón de la familia, *Lucas*. Cada vez que lo veo, percibo el amor de Dios por mí. Ese niño me besa, me abraza y me ama con un amor limpio y puro. Dios lo envío para sanarme de la pérdida de mi bebé esperado. Y cada vez que lo miro me recuerda:

"Mamita, lo de Dios no muere" porque el que está con Dios vivirá por siempre.

" *Todavía un poco, y no me veréis; y de nuevo un poco, y me veréis; porque yo voy al Padre. De cierto, de cierto os digo, que vosotros lloraréis y lamentaréis, y el mundo se alegrará; pero aunque vosotros estéis tristes, vuestra tristeza se convertirá en gozo." (Juan 16:19-20 RVR1960)*

Hoy, puedo decir: *"Solo Dios puede cambiar tu dolor en baile y tu tristeza en alegría".*

La "Bastarda" que nació del fruto de un adulterio, se convirtió en una amenaza para el reino del adversario, una arma de guerra en la manos de un Dios Único, en una madre ejemplar, pero sobre todo en la hija de un Padre Bueno que cumplió cada promesa que habló acerca de ella. Me sacó del anonimato y me dio autoridad de hija.

Soy Hija, No Bastarda

" Jehová cumplirá su propósito en mí; Tu misericordia, oh Jehová, es para siempre; No desampares la obra de tus manos."
(Salmos 138:8 RVR1960)

Tu terminarás este libro colocando una foto tuya ¡Aquí!

Grítale al mundo espiritual y a tu alma estas palabras:

¡Soy Hija y no Bastarda!

Principios de este Capítulo

1- Aquella a la que llamaban hija de un don nadie, se convirtió en una hija del Dios Todopoderoso.

2- Las cosas terrenales hay que vivirlas sin olvidar que lo que no vemos es eterno.

3- Te sorprenderías si supieras cuanta gente muere sin cumplir su propósito en esta vida.

4- Pon tu ojos, fe y amor en el Autor y Consumador de tu historia, Cristo Jesús.

5- Aquellos que están con Dios vivirán por siempre.

Notas de lo Aprendido:

Bibliografía

- Reina-Valera 1960 (RVR1960).
- Nueva Versión Internacional (NVI).
- Nueva Traducción Viviente (NTV).
- La Biblia de las Américas (LBLA).
- Artículo de la Sociedad de Padres "All Pro Dad" Pág.56
- Pensamiento por: El presidente Spencer W. Kimball Pág. 62
- Pensamiento por: Adele Rose Pág. 73
- Pensamiento por: Arthur Ashe Pág. 73
- Reporte acerca de la pornografía. Fuente: Coalición por el evangelio, Pág. 42
- Reina Valera Actualizada (RVA-2015)

Acerca de la Autora

Bárbara Santana
Pastora - Conferencista - Autora

Nació en Trujillo Alto PR, su ministerio comenzó en el año 1999. No solo es esposa, madre, hija, abuela y amiga sino que es Pastora y Conferencista Internacional.

Dios le ha permitido llegar a más de 10 países llevando conferencias matrimoniales, talleres juveniles, congresos de damas, y mensajes evangelísticos a miles de almas.
La Pastora Bárbara ha dedicado su vida a ayudar a personas a alcanzar su propósito en esta tierra. Ha visitado orfanatorios y envía ayuda a miles de personas a diferentes países incluyendo África. Dios la usa en el ministerio de sanidad y liberación. Le fascina preparar líderes, formar almas que salgan de la mediocridad y logren su aporte en esta vida.

Bárbara lleva Pastoreando 17 años una hermosa, y poderosa congregación en el estado de la Florida. De la cual han salido 4 iglesias hijas extendidas de ella.

Actualmente vive agradecida del Eterno por cada logro, cada victoria y sobre todo por ver como su asignación en esta tierra se va cumpliendo día a día.

Bárbara dejó de ser "*Bastarda*" para ser hija del Rey.

Made in the USA
Columbia, SC
14 April 2025